历史穿越报

精忠报国 岳飞

彭凡 编著

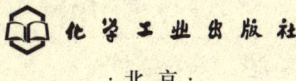
北京

图书在版编目（CIP）数据

精忠报国岳飞 / 彭凡编著. -- 北京：化学工业出版社，2025.5. -- （历史穿越报）. -- ISBN 978-7-122-47472-8

Ⅰ. K825.2-49

中国国家版本馆CIP数据核字第2025T55V42号

JINGZHONG BAOGUO YUEFEI

精忠报国岳飞

责任编辑：隋权玲　　　　　　　　　　装帧设计：孙　沁
责任校对：王鹏飞

出版发行：化学工业出版社（北京市东城区青年湖南街13号　邮政编码100011）
印　　装：天津市豪迈印务有限公司
710mm×1000mm　1/16　印张9½　字数90千字　2025年6月北京第1版第1次印刷

购书咨询：010-64518888　　　　　　售后服务：010-64518899
网　　址：http://www.cip.com.cn
凡购买本书，如有缺损质量问题，本社销售中心负责调换。

定　　价：39.80元　　　　　　　　　　　　　　　版权所有　违者必究

　　在中国历史上,有这样一群人:他们居于一人之下,万人之上,或高居庙堂,指点江山;或驰骋沙场,大杀四方。

　　他们是君王治国最得力的助手,是百姓安居最可靠的倚仗。

　　他们的一举一动,都关系到天下治乱,国家兴亡。

　　他们是武官的表率,是文官的典范。

　　他们的无限风光和荣耀,不能不令人产生无尽的好奇和向往。究竟是怎样的人生经历,才成就了那样夺目的辉煌?

　　他们的风光背后,是否还有不为人所知的辛酸和坎坷?

　　机关权谋背后,是否也有无奈的叹息?

　　铮铮铁骨之后,是否也有儿女柔情?

　　为了搞清楚这些问题,我们的穿越报团队再次出发,穿越到历史的各个时空,实时记录这些大人物传奇的一生。

　　历经九死一生后,我们终于带回了成果,就是这套"历史穿越报"。这套书分别记录了商鞅、项羽、卫青、曹操、诸葛亮、狄仁杰、苏轼、岳飞、戚继光、曾国藩等名臣的成长历程。

每个分册分为12期内容，每期都有五花八门、精彩纷呈的栏目。

"龙虎风云"和"顺风快讯"是主打栏目，用来记录这些大人物一生中的重大事件，见证他们的大起大落，大喜大悲。

"百姓茶馆"是我们搜集到的当时百姓的言论，各种小道消息，八卦趣闻，应有尽有。

"快马传书"是来信栏目，古人将他们的烦恼和困扰写到信中，寄到编辑部，由最贴心的编辑穿穿为他们出谋划策，排忧解难。

"名人来了"是一个采访栏目，由大嘴记者越越负责。他将直接与大人物对话，挖掘和探索他们的内心世界。

除此以外，还有"绝密档案""智者为王""广告小铺""嘻哈乐园"等精彩栏目。

我们希望读者在看完这套书后，不仅能了解这些大人物跌宕起伏的一生，还能学习到他们非凡的智慧和勇气，并以他们为榜样，立志成为和他们一样卓越的人。

第1期　岳飞出世

2　【顺风快讯】这个娃娃不简单
4　【百姓茶馆】乐善好施的岳家人
5　【龙虎风云】会拉弓的读书郎
7　【龙虎风云】为东家解围
8　【快马传书】我要发动农民起义
9　【名人来了】特约嘉宾：宋徽宗
11　【广告小铺】民谣两则　我们也起义了

第2期　金国崛起

13　【顺风快讯】宋朝要攻打辽国了
14　【绝密档案】宋、金、辽三国的恩恩怨怨
15　【龙虎风云】拿钱买回了燕京
17　【百姓茶馆】是盟友还是敌人？
18　【龙虎风云】岳飞投军打盗贼
19　【快马传书】父母去世后为何要守孝三年？
20　【名人来了】特约嘉宾：岳飞
22　【广告小铺】举办庆功宴和郊祀大典　厉害的远程武器——床子弩　出售《李清照词集》

第3期　靖康之难

24	【顺风快讯】	好盟友翻了脸
25	【百姓茶馆】	金兵来袭，战还是降？
27	【龙虎风云】	第三次投军
28	【龙虎风云】	靖康之难，永远的耻辱
29	【快马传书】	臣子怎能当皇帝？
30	【名人来了】	特约嘉宾：宋钦宗
32	【广告小铺】	请皇上诛杀六贼　快来加入忠义军吧
33	【智者为王】	第1关

第4期　三呼过河

35	【顺风快讯】	赵构登基建立南宋
36	【百姓茶馆】	赵构为什么没被金人抓走？
38	【龙虎风云】	岳飞被赶出军营
39	【快马传书】	我该不该向长官道歉？
40	【龙虎风云】	过河！过河！过河！
41	【名人来了】	特约嘉宾：宗泽
43	【广告小铺】	赐宗泽"忠简"的谥号　赦免张邦昌的死罪　官府发放贷款啦

第5期　转战江南

45　【顺风快讯】金人来抓皇帝了
46　【百姓茶馆】不顾百姓死活的杜充
47　【快马传书】杜充让我去打张用
48　【龙虎风云】东京沦陷了
50　【龙虎风云】建康也失守了
52　【名人来了】特约嘉宾：宋高宗赵构
54　【广告小铺】不准骚扰沿途百姓　求购《清明上河图》

第6期　收复建康

56　【顺风快讯】皇帝终于上岸了
57　【龙虎风云】黄天荡之战
58　【龙虎风云】岳飞收复建康
60　【百姓茶馆】兄弟反目，岳飞险被暗算
61　【快马传书】战场上如何辨认敌军和我军？
63　【名人来了】特约嘉宾：岳飞
65　【广告小铺】封梁氏为杨国夫人　张师傅面馆开张了
66　【智者为王】第2关

第7期　　讨伐内寇

68　　【顺风快讯】伪齐建立了
69　　【百姓茶馆】先打伪齐还是先打内寇？
70　　【龙虎风云】讨伐"李天王"
72　　【龙虎风云】招降张用与曹成
74　　【快马传书】抵抗还是投降？
75　　【名人来了】特约嘉宾：岳飞
78　　【广告小铺】御膳每天一只羊　世界上第一支火枪诞生
　　　　　　　　了　白鹿洞书院招生了

第8期　　北伐伪齐

80　　【顺风快讯】岳飞父子觐见皇帝
81　　【百姓茶馆】岳家军有哪些猛将？
82　　【快马传书】让谁去收复襄阳？
83　　【龙虎风云】岳飞收复襄阳六郡
85　　【龙虎风云】摸鱼游戏的玄机
87　　【名人来了】特约嘉宾：岳云
89　　【广告小铺】千古绝唱《满江红·写怀》　严禁官员劝农
　　　　　　　　期间置办酒席

第9期 再次北伐

- 91 【顺风快讯】准备好了，再次北伐
- 92 【百姓茶馆】岳飞为何迟迟没有北伐？
- 93 【龙虎风云】第二次北伐
- 94 【快马传书】金国为什么不派救兵？
- 96 【龙虎风云】第三次北伐
- 98 【龙虎风云】刘豫被废了
- 99 【名人来了】特约嘉宾：岳飞
- 101 【广告小铺】严禁商船到山东贸易　重造水运仪象台　皇帝都爱的沆瀣浆
- 102 【智者为王】第3关

第10期 屈辱议和

- 104 【顺风快讯】宋金即将议和吗？
- 105 【龙虎风云】主战派与主和派
- 107 【龙虎风云】屈辱的议和
- 108 【快马传书】秦桧原来是细作
- 109 【百姓茶馆】皇帝真的信任岳飞吗？
- 110 【名人来了】特约嘉宾：宋高宗赵构
- 113 【广告小铺】正式将临安定为南宋都城　临安谚语一则　谢讲和赦表

第11期　功亏一篑

115	【顺风快讯】金人撕毁盟约了
116	【百姓茶馆】刘锜是如何击退金军的？
117	【快马传书】陛下的密旨
118	【龙虎风云】撼山易，撼岳家难
121	【龙虎风云】十二道金牌，被迫班师
122	【名人来了】特约嘉宾：秦桧
124	【广告小铺】全城寻找狮子猫　欢迎购买《耕织图》

第12期　千古奇冤

126	【顺风快讯】岳飞被罢官了
127	【绝密档案】岳飞罢官背后的真相
128	【龙虎风云】岳飞成了阶下囚
131	【快马传书】我该如何救岳飞？
132	【龙虎风云】千古奇冤"莫须有"
133	【百姓茶馆】岳飞遇害之后
134	【名人来了】特约嘉宾：岳珂
136	【广告小铺】你吃过"油炸桧"吗？　欢迎韦太后归宋
137	【智者为王】第4关

138　**智者为王答案**

140　**岳飞生平大事年表**

第1期
公元1103年—公元1121年

岳飞出世

穿越必读 CHUANYUE BIDU

北宋末年，宋徽宗沉迷于艺术，忽视朝政，每天只知道舞文弄墨，搜集各种奇花异石，以致奸臣当道，民不聊生，各地起义此起彼伏，曾经繁华的大宋一天天腐朽下去，而岳飞就出生在这样的时代中。

顺风快讯

这个娃娃不简单

——来自相州汤阴的快报

（本报讯）北宋崇宁二年（1103年），相州汤阴县（今河南省安阳市汤阴县）一户姓岳的人家传出了响亮的啼哭声，北宋大地上又一名婴儿呱呱坠地了。

据说这个婴儿出生的时候，有只大鸟从东南飞来，在屋顶上叫个不停。婴儿的父亲岳和认为这是吉兆，就给孩子取名叫岳飞（岳飞及冠后取字"鹏举"，与名相互呼应），希望儿子将来像这只大鸟一样展翅高飞！

据史书记载，很多帝王将相出生的时候都有异象，比如宋太祖赵匡胤出生时"赤光绕室，异香经宿不散"。如今岳家的这个婴儿出生，有大鸟飞鸣于屋顶之上，是否预示着这孩子也能成为名垂青史的英雄人物呢？本报将为您追踪报道。

来自相州汤阴的快报！

嘻哈乐园

百姓茶馆
BAIXING CHAGUAN

乐善好施的岳家人

听说岳家又生了一个儿子，真不容易啊。岳家娘子今年三十七岁了，之前生了四个儿子，全都夭折了，这第五个可千万要养活啊。（由于岳飞是家里的第五个儿子，所以他乳名就叫"五郎"。）

张大婶

王秀才

是啊，岳和可是方圆几百里出了名的好人啊！没钱向老岳借准没错，就算你不还，他也从不催你！听说有人把他家的田地占了，他都没说什么，后来干脆把地都给了人家呢！

可不是，到了灾年，岳家人自己都吃不饱，岳和还把粮食分给路过的饥民。有时候家里人不乐意，岳和就安抚说："我们每天还有得吃，可他们都饿了好几天了。我们少吃点，救人一命，这难道不值得吗？"

李秀才

程掌柜

好人有好报！岳家的这个小娃儿一定能平平安安长大，听说有人给这孩子算命，说他长大后能当大将军呢！

龙虎风云

会拉弓的读书郎

岳和一家世代务农,家里有几亩薄田,勉强支撑一家人生活。

岳飞从八九岁起,就跟着父亲下田劳作,忙完农活后,才开始读书习字。

穷人家的孩子读书不易。买不起灯油,岳飞就白天劳作时捡拾松枝,夜晚点燃作灯,借着微光读书。

岳飞不爱说话,却天资聪颖,悟性极佳,最喜欢看史书和兵书,如《左氏春秋》和《孙子兵法》,看完后总能发表自己的见解。

岳和也非常重视儿子的教育。冬天农闲的时候,他用平时辛苦攒下的一点钱,把岳飞送进私塾学习几个月。

不过,如果你以为岳飞爱读书,就只是个手无缚鸡之力的文弱书生,那你就错了。见过他的人都知道,他的力气特别大。

大到什么地步呢?

不到二十岁,他便能够拉开三百斤(拉力约192公斤)的弓,引发吃力八石(拉力约473公斤)的腰弩!而一个武士只要能挽一百斤以上的弓,就够格去做皇帝的侍卫了——你说厉害不厉害!

见儿子天生神力,父母也不愿埋没他的才能,便让他向乡里一位精于骑射的武师周同学习射箭。

有一次，周同把徒弟们聚集到一起，给他们示范射箭。一连三箭射中靶心后，周同说："你们看着，这样才可以叫作射箭。"

徒弟们都叹服不已。岳飞却说道："我来试一下。"

说完，岳飞连射两箭，居然射中了周同的箭矢。周同又惊又喜，于是将自己心爱的弓箭送给了他。

有了师父的鼓励，岳飞很快学会了周同的全部本领，不仅百发百中，还能左右开弓。

没多久，周同去世了。岳飞悲痛不已，每月初一和十五他都会买些酒和肉，去周同墓前祭拜。有时买不起酒肉，他就把身上的衣物拿去典当。每次祭拜时，他都会先拿起周同所送的弓箭，连射三箭后，才把酒洒在地上，把肉埋在土里，待很久才离开。

眼看天气越来越寒冷，儿子的衣服却越穿越单薄，岳和觉得奇怪，向儿子追问，岳飞却沉默不语，哪怕被打骂也不发一言。

岳和担心岳飞在外面做了什么坏事，有一天便趁他外出时，悄悄地跟在后面。

看到他祭师的一举一动后，岳和大受感动，走上前去，抚着岳飞的背说："如果你将来能够为国效力，一定是个不惜为国捐躯的义士忠臣。"

岳飞答道："只要父亲大人允许孩儿以身报国，没有什么是孩儿不能做的！"

岳和叹道："有你这样的儿子，我还有什么可担心的呢？"

后来，岳飞又向县城有名的枪术名家陈广学习枪法，不到两年，便超过陈广，成了县里独一无二的神枪手。

龙虎风云

为东家解围

北宋重和元年（1118年），十六岁的岳飞早早成了亲，第二年妻子刘氏生了个儿子，取名岳云。

家中突然添了张吃饭的嘴，岳飞顿感压力。武艺高强也不能当饭吃，为了养家糊口，岳飞背井离乡，去安阳县做了一名佃农。

岳飞的东家姓韩，是安阳县有名的望族，祖上韩琦曾任三朝宰相，威名赫赫，子孙在朝廷也是有头有脸的人物。本来，按当朝规定，官员一般不准在本地做官，但韩家却出了好几个相州知州，可见朝廷对韩家的恩宠。

但这一切都跟岳飞没关系，岳飞只是韩家的一个佃农，身份低贱，每日辛苦耕种，却连糊口都困难。

有一次，岳飞去韩府借粮食，刚好遇见一个叫张超的土匪头子领着一百多人包围韩家，准备抢劫。娇生惯养的韩家子弟哪里见过这样的架势，吓得乱作一团。

只见岳飞爬上墙头，拈弓搭箭，一箭射死了张超。土匪们见头儿死了，立刻一窝蜂散了。

虽然为东家解了围，但岳飞并没有因此得到厚待。眼看生活困顿，没什么指望，没多久，岳飞就离开安阳，回到了汤阴。

我要发动农民起义

编辑老师：

　　你好！我是睦州青溪县（今浙江省杭州市淳安县）的一名百姓，名叫方腊。

　　不知你是否听过，当今皇帝（指宋徽宗）为了修建皇家园林"艮岳"，到处搜集各种奇花、异木、珍石等园林建材。为了讨好皇帝，蔡京、童贯这些奸臣派朱勔（miǎn）办了个应奉局，为皇帝广罗花石，再用船运往京城。这种专门运送花石的船队，就叫"花石纲"。

　　这可把我们老百姓害苦了！有这种花石的人，一旦被官府盯上，就会被搞得倾家荡产。

　　我家有个漆树园，平时就靠它过日子，不幸被官差盯上了，天天过来敲诈勒索，日子已经没法过下去了。

　　我真是恨透了这帮官吏，我已经聚集了一些农民，准备造朝廷的反。编辑老师，你会支持我吗？

　　　　　　　　　　　　　　　　　　　　　　方腊

方腊：

　　对于你们的不幸遭遇，我深表同情，但我还是劝你要三思而行。造反可不是闹着玩的，要么成功，要么万劫不复。我认为目前农民军的力量，很难与大宋正规军对抗，希望你慎重考虑。

　　　　　　　　　　　　　　　　　　　编辑★穿穿
　　　　　　　　　　　　　　　　　　　　编辑部

　　宣和二年（1120年），方腊发动农民起义，一路攻城略地，打到杭州，吓得宋徽宗赶紧取消了"花石纲"。但没多久，起义军被打败，方腊也被押送到东京汴梁（今河南开封）杀害。

名人来了

MINGREN LAI LE

 **越越**（简称越）大嘴记者

宋徽宗（简称徽）特约嘉宾

嘉宾简介： 宋朝的第八位皇帝。提到他，人们的印象可能是"一流的文人、三流的皇帝"。他本是个文艺青年，却阴差阳错当了皇帝。有人说他什么都能，就是不能做皇帝。这样的评价，实在是一个皇帝的悲哀。

越：皇上——（深吸一口气）哇，这是什么香啊？

徽：哈，小记者的鼻子比狗还灵呀，我这殿内烧的是龙涎香，自然香得很咯。

越：哇，听说龙涎香很贵啊，当皇帝就是好，能用这么高级的东西！

徽：唉，比起当皇帝，我更喜欢踢球、画画、写诗、赏花、喝茶、玩石头、鉴赏瓷器……

越：不得不说，您的这些爱好都十分高雅，但就是太费钱了。

徽：那都不是事儿。蔡爱卿（指宰相蔡京）说了，这天下都是朕的，花多少钱都是应该的，区区几块石头、几株花木，又算得了什么呢？

越：蔡大人可真会说。

徽：他不但会说，而且会写，他的书法就连大书法家米芾也自愧不如。当初我还花了两万两白银买了他两幅字画呢！

越：可是，当皇帝不仅仅是搞搞艺术就行了，既然您当了皇帝，可有什么治国良策？

徽：这个……我泱泱大国，有的是人才！有他们帮我治国就

9

名人来了

越：行了。只要他们立了功，该升官的升官，该赏钱的赏钱，这不是很简单吗？

越：既然您这么英明，为何您身边全是些奸臣？

徽：奸臣？什么意思？你说谁呢？

越：蔡京、童贯这俩人难道不是奸臣吗？

徽：胡说！这两位爱卿都是一等一的大功臣！前段时间，童爱卿还帮我打败了方腊的叛军。他们一心为朕，忠心耿耿，小记者你莫要信口雌黄啊。

越：那您知道他们是如何欺上瞒下、变着法子捞钱的吗？他们的宅子比皇宫还要奢华呢！

徽：唉，连臣子都这么会享受，我这个当皇帝的，自然不能比他们差，让美好时光白白流逝了。

越：啊，您就不生气吗？

徽：有什么好生气的！这不证明我大宋国力强盛吗？

越：……皇上思路清奇，小民佩服。怪不得大宋每年花国库七成以上的资金来养兵养官，军队还是打败仗。

徽：这也怪不得我们。你想想，辽人都是马背上长大的蛮夷之族，我大宋如何打得过那些野人？

越：皇上真会自我安慰。

徽：我虽然不是个有雄才大略的皇帝，但我自认不昏庸、不残暴、不弱智，虽算不上最好的，但也算得上中等吧。

越：皇上对自己的评价还挺高。不过，小民还是更欣赏您的书法，您独创的瘦金体可是一绝啊。采访结束之后，可否赐小民一幅笔墨？

徽：这个嘛……等灭了辽国再说吧。

广告小铺

🍎 民谣两则

一

打了筒（指童贯），
泼了菜（指蔡京），
便是人间好世界。

这首民谣运用谐音，表明国家要好，必须除掉童贯、蔡京等奸人。

二

金腰带，
银腰带，
赵家世界朱家（指朱勔）坏！

以贪官朱勔为代表的北宋官员的腐化堕落是北宋走向灭亡的重要原因。

我们也起义了

我是北方的宋江，我们也起义了，虽然我们的规模不如方腊兄弟的大，但也是不容小觑的。我手下有三十六条好汉，个个英勇无敌。我们已经占领了不少州县，打得官军望风而逃。广受压迫的兄弟姐妹们，快来加入我们吧，让我们一起来对抗这个不公的世道！

宋江

后来，宋江兵败投降，接受了朝廷的招安。元末明初的施耐庵根据这一历史原型，创作了长篇小说《水浒传》。

第 2 期
公元1122年—公元1124年

金国崛起

穿越必读 CHUANYUE BIDU

就在宋朝日渐衰败的同时，东北的金国悄然崛起，只用短短十年就消灭了昔日强大的辽国。接下来，野心勃勃的金人会对付大宋吗？

顺风快讯

SHUNFENG KUAIXUN

宋朝要攻打辽国了

——来自东京汴梁的加急快报

（本报讯）宣和四年（1122年），一个重磅消息在全国上空炸开：大宋准备攻打辽国，收复燕云十六州！

百姓们知道后，既兴奋又震惊。

兴奋的是，燕云十六州早在后晋时期就被石敬瑭割让给辽国，现在终于有机会收回了！

震惊的是，大宋曾多次和辽国开战，都没讨到便宜，最后不得不和辽国签订了《澶渊之盟》，每年送不少钱给对方，才换来这一百多年的和平，现在怎么突然又要开战了呢？

尽管人们百思不得其解，但还是积极响应朝廷号召，纷纷报名参军。

大家都热切地期盼着能收回失地。

这个愿望能实现吗？

来自东京汴梁的加急快报！

绝密档案

宋、金、辽三国的恩恩怨怨

大宋为何突然出兵攻打辽国呢?

据知情人透露,一来是因为农民军频频闹事,朝廷想借此事件赢取民心;二来是因为有金国相助,两个打一个,大宋就有了底气。

也许有人要问,金国又是从哪里冒出来的?

金国就是在东北地区悄然崛起的女真族(满族的祖先)建立的。

女真族是一个以渔猎、放牧为生的民族,起初很弱小,总被辽国欺负,直到大宋政和五年(1115年),女真族的首领完颜阿骨打统一了各个部落,在辽国的眼皮子底下称帝建国,国号为"金"。

金国强大起来后,第一个就向辽国发难。辽国养尊处优这么多年,哪里是金国的对手,在金国的进攻下节节败退,最后差点连皇帝也被捉了去。

金国日渐强大,于是有人向宋徽宗建议:不如我们跟金国结盟,灭了辽国,收复燕云十六州。

宋徽宗一听,立刻派使者秘密渡过渤海,在海上和金国立下盟约(史称"海上之盟"),双方约定:灭辽之后,大宋收回燕云十六州,并将原来进贡给辽国的岁币转送给金国。

那么,"联金抗辽"会成功吗?金国到底是敌人还是朋友呢?

龙虎风云

拿钱买回了燕京

宣和四年（1122年），金国如约向辽国出兵。

辽国幅员辽阔，光都城就有五个，分别是上京临潢府（今内蒙古巴林左旗）、中京大定府（今内蒙古宁城）、东京辽阳府（今辽宁辽阳）、西京大同府（今山西大同）、燕京析津府（今北京，燕京也称南京）。

根据"海上盟约"，金国负责攻打中京，宋朝负责攻打燕京。

金人势如破竹，顺利地完成了任务，甚至连上京、东京、西京也拿了下来，只留一个燕京给大宋打。

童贯镇压完方腊起义后，就马不停蹄地带着军队去攻打燕京。

可是辽军虽然打不过金军，对付宋军却绰绰有余，他们只出动一万多人，就把宋军打得退了几百里。

一连攻了两次，宋军都失败了。没办法，童贯只好低着头去求金人帮忙。

结果，金军一出，辽军连半点抵抗都没有，就乖乖地开城投降了。

唉！

之后，宋朝想要回燕京，金国不乐意，说燕京是他们打下来的，非要大宋每年再多给一百万贯钱，作为燕京的租税。

双方成交后，金人卷了燕京城里的金银财宝和壮丁美人扬长而去，留给宋朝一座空城……

百姓茶馆
BAIXING CHAGUAN

是盟友还是敌人？

这童贯，明明打了败仗，却把收回燕京的功劳归到他身上，还因此被封为郡王，真不知道我们皇帝是怎么想的！

酒店掌柜

就是，燕京本来就是宋国的领土，怎么最后整得像我们从金人手里买回来似的？这下金人赚大发了，每年不知要从我们这里弄走多少白花花的银子。

大脚车夫

要我说，我们压根不该跟金国一起攻打辽国。这一百多年来，边境太平，就连白头发的人都没见过打仗，辽人早已经被我们同化，和我们没什么区别了。可金人尚未开化，又这么能打，如果辽国被灭，我们拿什么抵御金人呢？

布店老板

唉，如今说什么也没用了，我看这个盟友尝到了打仗的甜头，灭了辽国，很快就会来攻打我大宋的，大家还是早点做好准备吧！

张铁匠

17

龙虎风云

岳飞投军打盗贼

当童贯统兵征辽时，真定宣抚使刘韐（gé）为补充边防，在真定府招募"敢战士"（战时应急招募的地方武装，介于官军与乡兵之间）。

岳飞像无数热血青年一样，一心为国效力，前往应征。刘韐见岳飞体格健壮、气宇轩昂，又精通兵法，便让他当了小队长。

正好这时，相州聚集了一伙打家劫舍的盗贼，官军几次围剿，都被打得大败而归。

岳飞于是主动向刘韐请缨，请求为家乡除害，并自信满满地说："给我一百个骑兵，我就能消灭贼寇！"

刘韐答应了岳飞的请求，给他拨了兵马。

岳飞带着人马赶到相州，他先是派一些士兵假扮成商人，进入盗贼控制的区域。盗贼看到后，果然现身，把这些人全部掳走编入队伍。

后来，岳飞先是派主力在贼窝的山下埋伏，然后亲自带数十兵马前去挑战。大战几个回合后，岳飞假装不敌，掉头逃跑。盗贼不知是计，紧追不舍，中了岳飞的埋伏，再加上先前被掳去的士兵内应相助，最后盗贼全部落网。

岳飞立了大功，新上任的知州向上司申报，要保举他做从九品的承信郎。可就在这时，家里传来父亲岳和病逝的消息，岳飞悲痛万分，立刻回家奔丧，并守孝三年，做官的事也就不了了之了。

快马传书

父母去世后为何要守孝三年？

编辑老师：

你好，我是《历史穿越报》的忠实读者。我有一个疑问：为什么岳飞一定要回家守孝三年呢？他要是不守孝，大概率能当上一名武官，再用三年的时间建功立业，搞不好连将军都能当上了。这么好的机会白白放弃，他是不是有点傻啊？

一名忠实的读者

忠实的读者：

你好。其实不是岳飞傻，而是在那个时代，父母去世后，子女无论身在何方，当多大的官，做多大的生意，都必须回到家乡，为父母守孝三年（宋代丁忧制度为二十七个月，实际约两年三个月）。

守孝期间，孝子不能喝酒，不能吃肉，不能洗澡，不能婚嫁，不能当官，并停止一切娱乐活动，直到三年期满。

也许你又要问了，为什么守孝一定要三年呢？

其实，有这样疑问的人还真不少，最有名的要算孔子的弟子宰予。

宰予曾经问孔子："守孝三年，时间太久了，三年不去学习礼仪，礼仪就会废掉；三年不演奏音乐，音乐也会失传。我看一年就足够了嘛！"

孔子斥道："孩子生下来，三年后才能脱离父母的怀抱。替父母守孝三年，天下人都是如此，难道你没从父母那里得到三年的爱吗？"

因此，守孝三年，是对父母哺育之恩的一种回报。我国自古以来崇尚孝道，不仅老百姓要为父母守孝，就连皇帝也将守孝看作头等大事！所以，岳飞为父亲守孝三年，是他应该而且必须要做的事情，现在你明白了吗？

编辑★穿窗
编辑部

名人来了
MINGREN LAI LE

越越（简称越）大嘴记者

岳飞（简称飞）特约嘉宾

嘉宾简介： 他是乱世里的少年英雄，刀枪棍棒、骑马射箭无不精通，曾因有勇有谋受到赏识，就在即将升官的时候，却因为父亲的忽然去世，不得不回家守孝。如今他孝期已满，不知他有何打算呢？

越：英雄，久闻大名！
飞：记者，少来这套！

越：嘿嘿，三年守孝期已满，你有什么打算吗？
飞：最近朝廷在我们这里大规模招兵，我准备再去投军。

越：听说你的家乡最近发生了水灾，朝廷不是应该安抚灾民吗？怎么赶在这个时间招兵呢？
飞：你不知道，就是灾年才更要招兵。朝廷担心那些因灾流亡的百姓走投无路去当盗匪，就用招兵的方式将他们拉过来。

越：这招高明！
飞：关键是只要当了兵，一家老小的生计就不用发愁了，可说是"一人当兵，全家不饿"。

越：那挺好的。怪不得大家都去当兵。那你知道招兵有什么流程吗？
飞：我早打听过了，首先要用尺子测量身高，再看身体的壮弱，然后检查跑跳能力，还有就是会不会骑马，最后测量视力。只要这些项目都合格了，就在脸上刺字，发衣服、鞋子、军饷等。

越：等等，在脸上刺字？这不是毁容吗？据我所知，刺字是一种

名人来了

刑罚，一般只有囚犯才会被刺字。

飞：这是为了防止士兵逃跑，这样就算你跑了，也一眼可以认出你的身份，方便抓捕逃兵。

越：（上下打量岳飞）那你能接受在脸上刺字吗？

飞：当然不能。

越：哈？

飞：所以我要争取当个"效用士"，比普通士兵高一级，这样可以不用在脸上刺字，只在手臂上刺字就行了。不过效用士对身体素质和武艺的要求比较高，但我觉得自己应该没问题。

越：那不就是特种兵吗？厉害！厉害！

飞：唉，其实军营也不好待，士兵们的军饷常常被将领贪污，而且平日里军队也没有什么训练。

越：不训练干什么呢？

飞：充当将领和其他官员的苦力啦。你一定听过高俅高太尉吧，他可管理了几十万禁军，可是这些禁军成天不干别的，就帮高俅家里修房顶啊、搬砖啊、运泥土啊，等等。这些士兵既得不到训练，又拿不到多少军饷，只能到处去兼职。

越：我总算理解为什么大宋士兵打仗总当炮灰了。

飞：炮灰是什么？是一种游戏吗？

越：（汗）不是游戏。最后一个问题，如果有一天你能当将领，你希望成为谁？

飞：就像关羽、张飞那样，做一个威风凛凛的大将。

越：也许你会比他们更厉害呢！好了，谢谢你接受采访！

公元1124年，岳飞再次投军，成为平定军中的一名效用士，没多久升为偏校。

广告小铺

举办庆功宴和郊祀大典

为了庆祝大宋收复燕京，朝廷将举行隆重的庆功宴，届时皇帝将对有功之臣论功行赏，同时还将举行盛大的郊祀大典，皇帝将带领大臣们在开封郊外祭祀上天，感恩上苍。

大宋光禄寺

厉害的远程武器——床子弩

床子弩是大宋最厉害的远程武器，射程可达千步（宋制的一步约为现在的1.5米，千步约为1500米），主要用于攻城作战。当年在宋辽澶州之战中，我军就是用床子弩射杀了辽国大将萧挞凛，使辽军士气大挫，迫使辽军议和，与我大宋签订了澶渊之盟。

——摘自大宋兵书

出售《李清照词集》

李清照是大宋杰出的女词人，代表作有《如梦令·常记溪亭日暮》《声声慢·寻寻觅觅》《一剪梅·红藕香残玉簟秋》等，我书坊最近费了很大功夫整理了一套《李清照词集》，欢迎大家前来购买！

西月书坊

第 3 期
公元1125年—公元1127年

靖康之难

穿越必读 CHUANYUE BIDU

金国只用了短短十年就消灭了辽国，接下来就要对付宋朝了。宋朝的皇帝能够力挽狂澜吗？岳飞在抗金战斗中又有什么样的表现呢？

顺风快讯

好盟友翻了脸
——来自汴梁的加急快报

（本报讯）宣和七年（1125年），金兵俘虏了辽国皇帝，宋金两国共同的敌人辽国宣告灭亡了！

消息传来，宋朝上下无不欢欣鼓舞，可是，还没高兴几天，十个月后，金兵却掉转马头，兵分两路，将攻击目标直指宋朝。

这金国和大宋不是结为同盟了吗？为何翻脸不认人了呢？

原来，自从上次合作之后，金国就明白了，宋朝这个所谓的中原大国，不过是个绣花枕头，因此早就不把大宋放在眼里了。

而双方缔结盟约时，曾约定：你占的地方归你，我占的地方归我，不许招降纳叛。可是，辽国汉化多年，不少辽人愿意投往大宋。金国认为大宋背叛盟约，于是向大宋兴师问罪来了。

面对咄咄逼人的金国，连辽国都打不过的大宋，又该如何应对呢？

来自汴梁的加急快报！

百姓茶馆
BAIXING CHAGUAN

金兵来袭，战还是降？

马夫老王： 不得了！不得了！金兵已经逼近东京汴梁了，这都打到皇帝眼皮子底下来了，可怎么办啊？

小兵张三： 我们小老百姓还能怎么办？跑呗！你没听说吗？连咱们的皇帝陛下都跑了！皇帝一听金人来抓他了，吓得魂飞魄散，把龙袍一脱，也不管太子赵桓愿不愿意，就把皇位丢给他，自己跑到南边"烧香"去了。

赵秀才： 听说新皇帝（即宋钦宗）也想逃，后来在太常少卿李纲的再三劝谏下，才勉强留了下来。满朝文武，这个主战，那个主和，闹得不可开交！

侍卫甲： 打！当然要打！李纲大人不是接过兵部侍郎一职亲自督战了吗？相信有他在，咱们军民一条心，还是能打退金兵的！

小兵李四： 最新消息，金兵见汴梁一时打不下来，提出议和，要求宋朝给他们黄金五百万两，白银五千万两，牛马各一万头，绢帛一万匹，并割让太原、河间、中山三镇，还要派亲王作人质。这个条件很苛刻吧？可新皇帝只想金兵赶紧退兵，马上答应了他们的要求！唉，他的皇位是暂时保住了，可咱们老百姓就遭殃了啊！

嘻哈乐园

大敌当前,我要颁布最后一道圣旨……

把皇位传给太子!

父皇,咱们还能再商量商量吗?

龙虎风云

第三次投军

金兵首次围攻汴梁未果后，宋钦宗在主和派怂恿下，试图通过割地赔款换和平。然而，因宋未交割太原等三镇，金人再度兵分两路，进攻汴梁。

危急之下，宋钦宗封远在相州的康王赵构（宋徽宗第九子）为河北兵马大元帅，让他招募兵马，入京救援。

此时岳飞已经离开平定军，回到故乡。眼见山河破碎，生灵涂炭，他决定再次应征。

据说，一开始岳飞担心自己从军后，家中的妻儿老小无人照顾，迟迟不肯报名。母亲知道后，叫儿子脱下上衣跪在地上，拿了根绣花针，蘸了墨汁，在他背上刺了四个大字——尽忠报国。见母亲如此深明大义，岳飞于是含泪告别家人，只身一人前去投军了。

岳飞入伍后，跟随上司前往汴梁救援。途经黄河时，岳飞带着一百骑兵在结冰的河面上演练，突然一支金兵从远处冒了出来，士兵们都慌了神，只有岳飞面不改色，骑马独自一人向金兵奔去。对方派出一员猛将舞着大刀迎战。岳飞与他厮杀时，竟将刀刃砍进对方的大刀一寸多深。几个回合后，那人就被岳飞斩杀了。

宋军士气大涨，立刻向敌军杀去。这一仗，宋军一共斩杀了几千金军，缴获了几百匹马。

靖康之难，永远的耻辱

靖康二年（1127年），汴梁传来一个举国震惊的消息——在金兵的不断围攻下，汴梁彻底沦陷了！

皇帝、太上皇、皇后、太子、王爷、公主、驸马及其他宗室、后妃等全都成了金兵的俘虏，被押往金国首都上京。

一行人越往北走天气越冷，到了寒冬腊月，天寒地冻，可以想象，这些皇亲贵族平日里全都养尊处优，颐指气使，现在却成了阶下囚，怎么受得了？

听说太上皇在离开时，每经过一座城门，都掩面痛哭。皇帝和王爷还有车坐，其他人都只能步行，走得慢一点，就会遭到金兵的殴打，一路上哭喊声绵延不绝，听到的人无不伤心落泪。

不光是皇亲贵族，就连朝廷官员、太监宫女、能工巧匠、歌舞艺人等也都被金兵全部抓走。

与此同时，金兵还抢了无数的车马、礼器、藏书、古董文物等，昔日繁华的汴梁城经此劫难，繁华不再。

因为这一事件发生在靖康二年，人们就将它称作"靖康之难"，它标志着北宋彻底灭亡了！

臣子怎能当皇帝？

编辑老师：

您好，我是张邦昌，是大宋的一名臣子。谁都没有想到我大宋居然亡得这么快！这实在是太让人痛心了！更让人没想到的是，金人竟然要我当中原百姓的皇帝！

金人知道自己是异族，统治不了中原百姓，就让我们自己推举一个人当新皇帝，但有一个条件：不能选姓赵的。结果很不幸，被推选出来的那个人就是我张邦昌。

这不是坑我嘛！臣子当皇帝，是僭越造反！按照律法要杀头的！

我坚决地拒绝了。我躺在床上装病，一连四天不吃不喝。可金人威胁说，限我三天内登基，不然就杀了全城百姓。我实在没办法，只好当了这个皇帝，定国号为"大楚"。

我虽然当了皇帝，但我内心仍然是大宋的臣子。我每天上朝时战战兢兢，跟百官议事不敢称"朕"，下的命令也不敢称"圣旨"，只希望将来被治罪的时候，能保住一条小命。

唉，我真是太难了。

张邦昌

张大人：

您好！金人好不容易灭了大宋，不可能再让赵家人来管理这天下了。他们选异姓人当皇帝，其实是想找个傀儡帮他们治理中原。

如今之计，就是您先在皇位上坐着，让金人放松警惕。等哪天有赵氏皇子愿意挑起大梁，恢复大宋王朝，您再把皇位让出来。相信这一天不会太久的，请耐心等待吧。

名人来了
MINGREN LAI LE

越越（简称越）大嘴记者

宋钦宗（简称钦）特约嘉宾

嘉宾简介：他是宋徽宗的长子，北宋的末代皇帝，在位一年多就亡了国。靖康之难后，他由锦衣玉食的皇帝沦为金人的阶下囚，受尽屈辱。对于他来说，这辈子最大的噩梦恐怕就是被迫当了皇帝吧。

越：皇上，终于找到您了！这里有点冷啊——阿嚏！

钦：我给你烧点茅草取暖吧。金地寒冷，漫漫长冬难挨呀。

越：现在见您一面真不容易。刚刚我进来，金兵对我是千叮咛万嘱咐，说是千万不要让您跑了。

钦：（苦笑）跑？他们把这里守得连个苍蝇都飞不出去，我能跑哪儿去？

越：看来皇帝也是一个高危职业啊。

钦：谁说不是呢。当初金人打到东京汴梁时，父皇要我登基，我死活都不愿意。

越：那后来怎么又愿意了呢？

钦：还不是被坑的。那天，有人说父皇病了，我就去看望父皇，我刚踏过门槛，父皇就让大臣宣读退位诏书，让太监强行把龙袍穿在我身上，吓得我当场就昏倒了。后来没办法，我只能即位了。

越：您就没有想过重振国威、和金国决一死战？

钦：当了皇帝以后，我天天提心吊胆，生怕一觉醒来金人就打进皇宫了。与打仗相比，我更想安安稳稳坐在皇位上，花点小钱解决问题。

名人来了

越：就是因为这个原因，你罢免了主战派的李纲？

钦：唉，我是后悔莫及啊，不过现在说这些也晚了。

越：谁说不是呢。对了，太上皇情况怎么样？

钦：唉，别提了，一路上金人以侮辱我们为乐。几天前，父亲不堪屈辱，将衣服剪成条，准备悬梁自尽，幸亏被我及时发现拦住了。我们父子抱头痛哭。

越：那大臣们呢？

钦：大多被金人杀死了。没被杀的，绝食的绝食，自杀的自杀，宁死也不愿踏入敌人的国土。

越：唉，那皇后嫔妃怎么样？

钦：有的被金国皇帝、大臣霸占了，有的被充入洗衣院。我的朱皇后因为受不了金兵的侮辱折磨，自尽了……我们大宋，就这么完了（泣不成声）！

越：皇上，您别伤心，我有一个好消息要告诉您，您还记得您的九弟吗？

钦：你是说赵构？当初金人包围东京汴梁时，我任命他为兵马大元帅，让他率领河北的兵马来救援汴梁。他没有被金人抓起来吗？

越：皇上您有所不知啊！赵构并没有去救援汴梁，而是去了东平府（今山东省泰安市东平县）躲避金兵。现在他回到了南京应天府（今河南省商丘市），准备登基呢！

钦：登基？这么说大宋没有灭亡？

越：是的，很多大宋残余的军队都归附赵构了。

钦：太好了！记者你一定要帮我转告九弟，快来把我们救走……皇位什么的我都不要了，我只想回家……

越：皇上……

采访被打断，关押宋钦宗的金兵轰走了记者。

广告小铺

请皇上诛杀六贼

今日我大宋沦落到如此田地，完全是蔡京、童贯、王黼（fǔ）、梁师成、朱勔、李彦这六贼造成的。请皇上（指宋钦宗）把他们杀了，将他们的头颅挂到四面八方去，以谢天下！

太学生陈东等人

这是宋钦宗刚即位时，太学生（太学是中国古代的官办高等教育机构）陈东联合其他太学生一起上书的内容。宋钦宗听从建议，将六贼或贬黜，或诛杀，彻底诛灭了宋徽宗时期的六大奸臣，只可惜这依然没能挽救北宋灭亡的命运。

快来加入忠义军吧

我们是大宋的子民，我们绝不服从金人的统治。即使大宋朝廷覆灭了，但我们仍然要与金人对抗到底。有和我们一样想法的兄弟姐妹，快来加入我们忠义军吧，让我们共同抗金，将金人赶出中原大地！

大宋忠义军

智者为王
ZHIZHE WEI WANG

智者无敌 王者为大 — 第1关

1. 岳飞出生时有什么异象？
2. 岳飞的字是什么？
3. 岳飞的大儿子叫什么？
4. 书法中的瘦金体是谁创造的？
5. "花石纲"是什么？
6. 方腊起义是否成功了？
7. 金国的开国皇帝是谁？
8. 宋朝和哪个国家签订了"海上之盟"？
9. 宋徽宗将皇位传给了谁？
10. 古代父母去世后，子女要守孝多久？
11. 靖康之难发生在哪一年？
12. 岳母在岳飞背后刺了哪四个字？
13. 哪件事标志着北宋灭亡？
14. 北宋灭亡后，金人让谁做了傀儡皇帝？
15. 忠义军是民兵还是官兵？

第4期
公元1127年—公元1128年

三呼过河

穿越必读　CHUANYUE BIDU

北宋灭亡后，康王赵构在南京应天府（今河南商丘）登基，重建宋王朝，史称南宋。南宋面临着两个选择：一是北上收复河山；二是在南方苟且偷安。新帝赵构将会如何选择呢？

顺风快讯

赵构登基建立南宋
——来自应天府的喜报

（本报讯）靖康二年（1127年）五月初一，应天府传来一个喜讯：康王赵构（即宋高宗）正式登基了！

原来，金人虽然立了傀儡皇帝张邦昌，但张邦昌也有自知之明，金兵一走，他便想把皇位还给赵氏子孙。于是，他找到了赵构，可赵构并不信任他。这时，有人给张邦昌出主意：找一个有号召力的人来请赵构登基。

这个人就是住在宫外的孟皇后（宋哲宗的皇后）。

孟皇后多年前被废，因此金人没有带走她。张邦昌先是请孟皇后垂帘听政，再由孟皇后请赵构登基。孟皇后给赵构写了一封感人至深的信，希望赵构挺身而出，担负起自己的责任，光复大宋王朝。赵构看完信泪流满面，立刻去应天府登基了。

北宋虽然灭亡，但新的南宋王朝诞生了。赵构能否给苦难深重的人民带来安定幸福？让我们翘首以盼。

来自应天府的喜报！

百姓茶馆

赵构为什么没被金人抓走？

无名氏：新帝登基，普天同庆！但我有一个疑问：为什么赵宋宗室里只有赵构没被金人抓走呢？

王秀才："靖康之难"发生时，新皇帝不在开封，这才成了漏网之鱼。其实啊，咱们的新皇帝曾经也做过金人的人质。金兵第一次包围汴梁时，渊圣皇帝（即宋钦宗）召集大臣和亲王去金营议和，当时还是康王的陛下主动请缨去金营做了人质。在金营的日子里，陛下一点都不怕，该吃吃该喝喝，神态自若，让金国大将完颜宗望十分吃惊！

李秀才：不止如此呢，据说完颜宗望有一张弓，除了他自己，整个金国没有人能拉开。可陛下不仅拉开了这张弓，还一箭就射中了靶心。还有一次，宋军夜袭金营，没有成功，金人找军营里的宋人问罪，大家都吓得哭泣不止，只有陛下面不改色。完颜宗望认为娇生惯养的皇子不可能如此厉害，就把他放走，要求换一个亲王。

佟掌柜：这就叫"吉人自有天相"！看来天不亡我大宋啊！

嘻哈乐园

赵构

请问您是如何逃出金营的?

多亏了我能拉弓,会射箭!

您是说用武力?

不是,不要让金人相信你是皇子。

岳飞被赶出军营

宋高宗即位后，朝中大臣分为两派：以李纲、宗泽为首的主战派坚持收复故土，迎回徽、钦二帝；以黄潜善、汪伯彦为首的投降派则只想躲在南方，过安安稳稳的小日子。

黄潜善、汪伯彦还给宋高宗出了个点子：向东南方撤退，离金人越远越好。

岳飞得知这个消息后，不顾自己人微言轻，义愤填膺地给皇帝上了一份奏章，大意是希望皇帝能回到东京，亲自率领宋军北伐，将士们受到鼓舞，一定能收复中原。岳飞还在信中指出，如果皇帝南下避难的话，肯定会让中原父老大失所望。

然而，这份言辞恳切、慷慨激昂的奏章并没有打动赵构，相反，赵构看了奏章后火冒三丈，立即以"越职奏事"的罪名将岳飞赶出军营。

岳飞回到家乡河南，看到沿路的村庄被金军抢夺一空，荒草遍地，再次热血沸腾，国家还在危难之中，决不能就这样放弃。

不久，河北西路招抚使（战时临时设立的掌管军政的最高官）张所招募抗金战士，岳飞马上报名，成为河北军营的一名效用兵。

快马传书

KUAIMA CHUAN SHU

我该不该向长官道歉？

编辑老师：

　　你好，我是岳飞，半年前，我投奔了河北西路招抚使张所。张所对我很赏识，我很感激。

　　前不久，张所命都统制王彦率军队去卫州收复失地，我也在其中。在跟金人的交战中，我和长官王彦闹了矛盾，我想主动进攻，可王彦却不同意。我觉得这个人胆子太小了，一怒之下，就单独带着自己的人马去攻打金兵，脱离了王彦的管束。

　　后来，我听说王彦收复了不少失地，他和部下在脸上刺了"赤心报国，誓杀金贼"八个字，以表明与金人死战的决心，百姓还把这支队伍亲切地称作"八字军"。

　　看来是我错怪王彦了，都怪我当初太莽撞！我该不该去找长官道个歉？

　　可是按照军法，私自脱离队伍是非常严重的罪行，有可能被杀头，我很担心，请给我一些意见！

岳飞

岳飞先生：

　　很高兴又收到你的信。你的消息一点不错，王彦的八字军威名赫赫，深得百姓爱戴，不少忠义兵都前去投奔他，八字军已经发展到十多万人了。这足以说明，王彦是一个有才能的好将领。

　　"负荆请罪"的故事你一定听过吧，既然你已经意识到自己的错误，何不勇敢地去道歉呢？加油！

编辑部

　　岳飞到王彦军营请罪，王彦虽然没有杀岳飞，但也不肯再要他。后来，岳飞投奔宗泽，宗泽爱惜人才，把他留在军中。

龙虎风云
LONGHU FENGYUN

过河！过河！过河！

南宋建炎元年（1127年）十月，登基不到半年的赵构从应天府迁到扬州。他无视主战派北上抗金的奏请，听取投降派的意见，往东南方撤退。

临走前，赵构让宗泽继续做东京留守，负责守卫东京汴梁一带的安全。

面对几乎沦为废墟的东京，宗泽没有放弃。他加固城墙，疏通战壕，大量储备粮草兵器，同时召集河南、河北等地的忠义军抗金。第二年春天，金国再次派兵攻打东京。宗泽从容地调兵遣将，一次次击退金兵，终于迫使金兵撤离东京。

与此同时，宗泽先后给皇帝上了二十四道奏表，恳求皇帝回到东京，遣兵渡过黄河，北伐金国，营救二帝。对于宗泽的请求，起初赵构还会敷衍一番，后来连敷衍都懒得做了。将近七十岁的宗泽心力交瘁，最终一病不起。

岳飞和众将领前去探望他，宗泽哭着说："我是因为二帝受到金人的侮辱，才忧愤成疾！如果你们能歼灭金兵，我死也无憾了！"岳飞等人泣不成声，纷纷表示一定会歼灭金贼，完成宗泽的心愿。

这天汴梁城风雨大作，宗泽临死前没有只言片语提到家事，只是一连大呼三声："过河！过河！过河！"

名人来了

MINGREN LAI LE

越越（简称越） 大嘴记者

宗泽（简称宗） 特约嘉宾

嘉宾简介：他出生在贫寒家庭，通过科举考试走上仕途。他为人刚正不阿，为官体恤百姓。南宋建立后，他成为东京留守，抵御金兵，保家卫国。他最大的愿望就是让皇帝还都东京，北上抗金，迎回徽、钦二帝，只可惜他到死都没能等到这一天。

越：宗爷爷，您好！能见到您真是太荣幸了！

宗：（眉开眼笑）你怎么知道我的外号？

越：这我哪能不知道啊。您打仗这么厉害，连金人都叫您宗爷爷呢！

宗：小记者嘴挺甜的嘛！

越：谢谢宗爷爷夸奖。宗爷爷，听说您从小家里很穷，是通过科举当官的？

宗：是啊，不过我大半辈子都在地方当当县尉、县令什么的，直到五十多岁才当上通判（相当于现在的副市长）。后来金人南下，朝廷急需人才，我才入京为官，与金人对抗。再后来东京告急，朝廷封当时还是康王的陛下为河北兵马大元帅，封我和汪伯彦为副元帅，一起营救东京……唉，可东京还是沦陷了。

越：听说金兵将两位皇帝掳走时，您带兵赶到大名（今河北省邯郸市大名县），准备直接渡过黄河，半路拦截金兵，营救二帝？

宗：是啊，只是当时除了我这支军队，再也没有其他兵马前来援助，我势单力孤，最终还是没能救回二帝，我好恨呐——

名人来了

越：宗爷爷，您别自责了，您已经尽力了。后来您和金人打了那么多仗，金人都被您打怕了。而且不久前东京还是一片废墟，盗贼横行，物价飞涨，民不聊生，可现在城中井然有序，金人也攻打不进来，这不都是您的功劳吗？您是怎么守护东京的呢？

宗：我就做了两件事。第一件是抓盗贼，当时河东（今山西西南部至中部一带）有一个很有名的巨寇叫王善，号称拥有七十多万兵马，想要占据东京。我一个人骑马到王善的军营，对他说朝廷正在危难之际，正需要像他这样的人来抵御外敌，这是他立功的大好机会……最后王善被我劝服，归顺了朝廷。

越：您胆子太大了！孤身一人去王善军营，万一他……

宗：他也许就是看到了我的诚意，才愿意听我的吧。

越：嗯，有道理。那第二件事呢？

宗：第二件事是修复被金人摧毁的防御设施。我在东京四周修筑了二十四个坚固的堡垒，名叫"连珠寨"，保障东京外围的安全。同时为了阻止金军的骑兵，我还命人挖了几米深的壕沟，这样他们的马一冲过来就会陷入其中。

越：高明！不过您把东京修建得这么好，仅仅只是为了防御金人吗？

宗：其实我还希望告诉皇帝，东京已经很安全了，而且我已经召集了一百多万忠义兵，希望皇帝能回到东京，指挥大家渡过黄河，收复故土，营救二帝。

越：唉，祝您早日实现这个愿望吧（虽然明知不可能了）。

本次采访完成于宗泽去世前。

广告小铺

赐宗泽"忠简"的谥号

朕听闻东京留守宗泽去世的噩耗,悲痛不已。为表彰宗泽在抗金战争中的杰出贡献,特追封他为观文殿学士、通议大夫,赐谥号"忠简"。希望天下将领以宗泽为榜样,对朕忠心耿耿,齐心协力复兴大宋。

赵构

赦免张邦昌的死罪

张邦昌登基为金人所迫,此后他主动退位,并无二心,特赦免其大逆不道之罪。

赵构

几个月后,赵构以其他罪名杀了张邦昌。

官府发放贷款啦

新帝登基,体恤民生疾苦,下旨发放"青苗钱"(农田青黄不接时,官府发给农民的一种贷款),请有需要的农民速速报名,利息从优。

大宋户部

第 5 期
公元1128年—公元1130年

转战江南

穿越必读 CHUANYUE BIDU

宗泽死后，金军再次南下侵宋，攻下东京后，金军继续南下，企图一举消灭赵氏政权。一场农耕民族与游牧民族的生死较量又一次拉开序幕。

顺风快讯
SHUNFENG KUAIXUN

金人来抓皇帝了
——来自金国的加急快报

（本报讯）建炎二年（1128年）秋天，金太宗一声令下，金国再次向宋朝开战了！

这次金人的目标只有一个：抓皇帝！

金人深知，只有抓到了赵构，才能彻底统治中国。为此金人还编了一句行动口号："搜山检海抓赵构"。意思是哪怕搜山检海，掘地三尺也要把皇帝赵构揪出来！

金人的进攻路线和之前一样，他们企图先攻下东京，再南下，直到抓到赵构。

这一次，金太宗派出的是大将完颜粘罕。要知道，完颜粘罕是金国开国的第一功臣，当初就是他灭了辽国，也是他俘虏了宋徽宗、宋钦宗，大宋子民对他是又怕又恨！

如今完颜粘罕的铁骑已经到了黄河边上，下一步就是渡过黄河，攻打东京了！

此时宗泽已经去世了，接任东京留守的是杜充，这个人能守住东京吗？

来自金国的加急快报！

百姓茶馆
BAIXING CHAGUAN

不顾百姓死活的杜充

某剑客： 前不久金兵来攻打东京，杜充这个东京留守还是挺有办法的，居然让金兵撤退了。

渔夫老李： 你还不知道杜充是怎么阻止金兵的吧？他得知金军要来后，唯一想到的办法就是挖开黄河的河堤！洪水虽然阻挡了金兵，可也让老百姓遭了殃！这个杜充真不知道该怎么评价他才好！

镖师阿宝： 这个杜充可不是什么好人！他做沧州知州的时候，因为金人南侵，很多百姓逃到沧州来，可杜充怕他们是金人的内应，便将这些百姓全部杀死了，真是心狠手辣啊。

某小卒： 这个杜充不但手段残忍，而且气量狭小，又没有什么号召力，以前许多归附宗泽的忠义兵都逃散了，难怪大家都说"宗泽在则盗可使为兵，杜充用则兵皆为盗矣"。

无名氏： 而且这个杜充根本不敢跟金人打仗，他一上任就停止了宗泽的北伐计划！我看用不了多久，东京就要沦陷了，甚至整个北方都要失守！

快马传书

杜充让我去打张用

编辑老师:

你好,我是岳飞,如今我带着两千人马驻守在东京。我的新上司杜充自从上任后,很不得人心,很多原先归附宗泽的忠义军都叛逃了。

其中有一个忠义军头目叫张用,是汤阴人,也是我的同乡。张用因为不听杜充的指挥调度,被杜充视为心腹大患。杜充叫我去攻打张用,我拒绝了。我只有两千人马,而张用有几万人马,寡不敌众;更何况张用还有很多好兄弟,其中有个叫王善的也有几万人马,到时候他们联合起来,我就更难打了。

可是杜充根本不听我解释,还威胁我说要是不出兵,就砍了我的头。

编辑老师,你说我该如何是好?

岳飞

岳飞:

你好!大敌当前,杜充不想着怎么打金人,却一心搞内战,也难怪你不想打。我很理解你的心情,但没办法,杜充是你的上司,军人以服从命令为天职,这场仗你想不想打都得打!我相信以你的军事才能,以少胜多不在话下,区区张用根本不是你的对手!

张用听到风声后,先发制人,和王善强强联合,在南薰门外与岳飞交战。结果岳飞以一支两千人的队伍,击退了敌人号称二十万的大军,创造了一个奇迹,就连岳飞本人事后回忆起来也觉得"如有神助"。

东京沦陷了

就在东京的官兵和忠义军自相残杀时，金兵的铁骑再次杀来，攻陷了东京周围的徐州、泗州等城池。

前有狼后有虎，叛军尚且应付不过来，金兵又来了，这不是要命吗？三十六计，走为上计！杜充决定撤离东京，还要岳飞的部队跟他一起走！

这不是要把东京拱手送人吗？岳飞气愤不已，苦口婆心劝杜冲说："中原之地，一寸都不能遗弃，今天一旦撤退，马上会被金军占领，以后再想收复，没有几十万的军队难以做到。"

杜充不听，但是私自逃离东京也是一项重罪，于是，他以南下保护皇上为由，带着主力军撤离，让副留守郭仲荀继续留守东京。岳飞只好跟随杜充一起往南撤退。

郭仲荀一看杜充跑了，他也不想死啊，就命令留守判官程昌寓守东京，自己也逃之夭夭。程昌寓也不是傻瓜，又把守城的责任像踢皮球一样踢给了上官悟。大家踢来踢去，结果东京彻底失去了防御力，落入金人手中。

可笑的是，高宗不仅没有惩罚杜充，还升了他的官，让他镇守建康（今江苏南京），唉！

嘻哈乐园
XIHA LEYUAN

龙虎风云
LONGHU FENGYUN

建康也失守了

金人的目的是抓皇帝灭大宋，可是皇帝到底去哪儿了？

原来，皇帝最先逃到了扬州，后来听说金兵来了，又像惊弓之鸟一样慌忙逃向临安（今浙江省杭州市），接着又转移到建康（今江苏省南京市）。杜充的军队到达江南后，赵构便让他负责守护长江防线。

在南下的金军队伍中，最厉害的一支是完颜兀术（也叫完颜宗弼、金兀术）带领的。完颜兀术带着大军渡过淮河，迅速拿下了滁州、和州，接下来就要渡过长江直奔建康了。

就在完颜兀术准备渡江时，杜充依然在饮酒作乐。岳飞忍无可忍，请求杜充准备应

龙虎风云

战。在岳飞的再三请求下，杜充总算答应下来。可岳飞等了好几天，仍然不见杜充身影，不禁对他失望透顶。

建炎三年（1129年）十一月，完颜兀术率军到达马家渡，准备从这里坐船横渡长江。杜充得到消息，这才派都统制陈淬和岳飞率两万士兵去堵截完颜兀术，为防万一，还派御营前军统制王燮（xiè）率领一万三千人前去增援。

当陈淬等人赶到马家渡时，大部分金兵已经登岸。双方立即展开了激烈的战斗。完颜兀术身先士卒，亲自出战，金人士气大涨。战场上尸横遍野，江水都被血染红了。

而前来增援的王燮被金军的凶猛吓傻了，关键时刻竟然带着部队逃跑。主将一逃，士兵也无心作战，宋军瞬间崩溃。

陈淬也牺牲了，最后只剩下岳飞一支部队还在顽强作战，一直打到黄昏，最终因为寡不敌众，不得不退军。

杜充得到兵败的消息，害怕无法向皇帝交差，带着全家老少和三千亲兵，渡过长江，向完颜兀术投降了。不久，金兵攻陷了建康。

这时，赵构的小朝廷早已经从建康撤离，一路迁徙到海边，最后在海上失去了行踪。

建康沦陷，主将叛逃，士兵溃散，连朝廷都不知所终，岳飞只好一面休整兵马，一面寻找朝廷的踪迹。

名人来了
MINGREN LAI LE

越越（简称越）　大嘴记者

宋高宗赵构（简称构）　特约嘉宾

嘉宾简介：他身为不受重视的九皇子，本无缘继承皇位，却因靖康之难当上皇帝，建立了南宋王朝。登基之后，他便成为金人穷追猛打的对象，一路逃窜到扬州、杭州、建康等地，最后狼狈下海。

越：（跳进船舱）皇上，原来您在这里啊，我找您找得好辛苦啊——哎呀，这船有点晃啊！您有晕船药吗？

构：晕船？习惯就好了，开始我也晕。

越：（稍稍站稳）您怎么会跑到海上来？您不是在建康吗？

构：一言难尽啊。我在建康待了一阵，觉得还是临安安全些，所以又回了临安。没多久金人果然攻陷了建康！

越：唉，谁叫皇上看走了眼，相信杜充那个逆贼呢！

构：这个逆贼，我将他从庶民升到宰相，待他也不薄了。他居然如此待朕！

越：皇上息怒！皇上息怒！这样的人，到了金国也没有好下场的！咱接着说，建康沦陷后您去了哪里？

构：我一路南迁到了越州（今浙江省绍兴市）。可是想来想去，越州也不安全，金人迟早会追过来的。

越：那您是怎么想到来海上的？

构：多亏了我有一个好宰相吕颐浩啊！他说金人以骑兵取胜，但如果我们撤退到海上，金人的骑兵就无法追到

名人来了

我们。而且江浙一带天气炎热，金人来自寒冷的北方，不习惯这里的气候，过不了多久，他们肯定会撤兵。

越：好像很有道理啊。
构：我听取了吕颐浩的建议，便火速赶往明州（今浙江省宁波市），准备下海。一到明州，我就马上派人募集了20艘海船，并选了其中最好的一艘作为御船。幸亏我有先见之明啊，下海没几天，金兵就攻陷了明州。

越：这也太惊险了！金人知道您下海了吗？
构：知道。他们还乘船下海来找我呢！

越：（默念）"搜山检海抓赵构"，金人果然非常执着啊。
构：多亏老天助我，金兵乘着铁头船一路追来，结果在海上遇到了暴风雨，我大宋水军乘机袭击金兵，把他们的船队击散了，这才让他们乖乖撤兵。

越：撤了就好，撤了就好。那您现在吃住都在船上吗？
构：我不光吃饭、睡觉在船上，就连批阅奏折、会见百官也在船上呢！

越：那您在海上漂泊多长时间了？
构：已经好几个月了。

越：可是苦了皇上了。
构：苦是苦了点，但比被金人掳走的徽、钦二帝还是好得多。

越：也是，海上虽有惊涛骇浪，总比陆地安全些。
构：现在只能先这么将就一下了。

越：可您也不能总漂在海上啊，希望您还是能早点登岸，大宋的百姓都等着您呢！
构：但愿如此吧。

广告小铺

不准骚扰沿途百姓

近日，我军在行军过程中，出现了士兵抢夺百姓财物的情况，这是非常恶劣的行为，一经发现，按军法处置，希望大家自觉遵守军队纪律。

岳飞

求购《清明上河图》

《清明上河图》是我朝著名画家张择端的大作，它全长五米多，描绘了昔日都城汴梁的繁荣景象，包括大量栩栩如生的人物、牛、马、骡子、树木、房屋、桥梁、船只，等等。

《清明上河图》具有极高的艺术价值，是一幅国宝级的画卷。它原本收藏于宋徽宗内府，靖康之难后，它被金兵掠走，下落不明。我愿高价收购该画，让它重返故土，希望有人能为我提供线索。

爱国商人张发财

《清明上河图》几经易主，先后被元朝、明朝、清朝宫廷收藏，如今收藏在北京故宫博物院中。

第 6 期
公元1130年

收复建康
岳飞篇

穿越必读 CHUANYUE BIDU

金人南下，不仅没有抓到皇帝赵构，还遭遇了南宋军民的强烈抵抗，最终只能撤兵。不过，想撤兵也没那么容易，韩世忠与岳飞两位大将正在金人撤退的路上等着他们……

顺风快讯

皇帝终于上岸了
——来自越州的加急快报

（本报讯）建炎四年（1130年）四月，从越州（今浙江省绍兴市）传来一个特大喜讯，皇帝舍舟登岸，安全抵达了越州！

为什么皇帝会选择这个时候上岸呢？

原来，金军统帅完颜兀术撤兵了！撤兵的原因说起来也很简单，就是没有抓到赵构！金兵在不断南下的过程中，遭遇了南宋军民的顽强抵抗，许多百姓组成民兵队伍，自发结成了一个个营寨，誓死抗击金兵，阻碍了金兵继续南侵的步伐。

金军既没有找到赵构，又白白消耗了大量的人力物力，继续南下显然不是明智之举，于是，完颜兀术放弃了抓赵构，并且宣称"搜山检海"已经完成，准备回去经营已经控制的地区。

金军的撤退，意味着南宋王朝终于得到了一次喘息的机会。不过，这样的安稳到底会维持多久也很难说。

来自越州的加急快报！

黄天荡之战

金军带着大量战利品浩浩荡荡往北撤退，正准备渡过长江时，被南宋大将韩世忠拦住了去路。

当时金军号称有十万大军，而韩世忠却只有八千多人。不过韩世忠派出的都是水师，精通水战；而完颜兀术虽然人多，却都是骑兵，结果被打得狼狈不堪，最后退到一个叫黄天荡的死水港里。

完颜兀术进退两难，只好请求韩世忠放金军过江，表示愿意归还掳走的人、畜、财物等，并献上名马。

韩世忠说："要过江也可以，只要你们把两位皇帝送回来，再归还我大宋的疆土。"

完颜兀术当然不肯答应，这时，他得到一个情报：有一条被堵塞的河道可以通向建康城西的河面。于是，完颜兀术连夜开凿河道，逃到建康附近的江面。韩世忠得到消息后，火速追击，再一次用战船封锁了江面。

完颜兀术走投无路，只好重金求过河的办法。这时，一个汉奸给完颜兀术献计：趁无风的时候，乘小船向宋军的大船放火箭。

原来，韩世忠的船都是大船，不够灵活，而且遇火就燃。完颜兀术依计行事，果然逼退了韩世忠的水师。

黄天荡之战虽然最终失败了，但韩世忠仅凭八千多人，将十万金军阻挡了四十多天，可以说是虽败犹荣。

龙虎风云

岳飞收复建康

赵构上岸后,第一件事就是派人去收复建康,将金人彻底赶出江南。赵构调动了所有能调动的兵力,可没一个人敢上前,最后只有岳飞一支军队愿意前往。

而就在韩世忠战败的同时,岳飞也在建康城南的清水亭消灭了一支金军!

但以岳飞的兵力,还不足以和完颜兀术的大军对抗,岳飞便前往清水亭西边的牛头山扎营。

牛头山附近有金军的军营,岳飞趁着月黑风高,让一百个士兵穿着金兵的衣服,混入金军营中偷袭。金兵不知发生了什么事,在混乱中自相残杀起来。过了一会儿,金兵才发现不对劲,大呼上

龙虎风云

当，马上增加了军营的巡逻力量，防止宋军再次偷袭。

岳飞又让士兵衔枚（嘴里横衔着像筷子一样的东西，防止因说话而被敌人发觉）埋伏在金军军营外，又消灭了金人的巡逻部队。

就这样，岳飞前后与金军打了几十次，金兵疲惫不堪，无心作战。

到了四月末，完颜兀术令金兵撤离建康，并在撤离前疯狂地屠杀城中百姓，掠夺财物。岳飞知道后气愤之极，立即率领精锐，冲下牛头山，突袭山下的金军。

第二天，岳家军在江边追上了正在撤离的金军队伍，跳上敌船，与敌人大战。此时，建康通判钱谌也召集了乡兵，从侧面袭击金兵，支援岳飞的部队。金兵很快被打得狼狈而逃。战争结束后，岸上到处都是铠甲、兵器，以及金人掠夺的牛马和财物，江面上也漂浮着成堆的金兵尸体。

就这样，岳飞花了半个月时间，顺利收复了建康，这是岳家军第一次取得战略大捷。从此，金人退出江南，再也不敢轻易跨过长江。

百姓茶馆
BAIXING CHAGUAN

兄弟反目，岳飞险被暗算

布商老王： 听说岳飞的母亲和妻儿差点被人杀了，好险啊！

小兵张三： 这事我知道，想杀岳飞家人的，就是曾经和岳飞出生入死、患难与共的好兄弟刘经。本来刘经和岳飞一同驻扎在宜兴，后来趁岳飞收复建康时，刘经就想吞并岳飞的部队，杀掉岳飞的家人。幸好刘经有个部下叫王万，他向岳飞告了密，岳飞便先发制人，火速派遣部将姚政赶回宜兴营救母亲和妻儿。

衙役马七： 姚政抵达宜兴后，立刻在岳飞母亲的屋内设下了埋伏，然后假装奉岳老太太的命令，邀请刘经去商量事务。刘经一走进岳飞母亲的屋子，就被埋伏在内的士兵杀死了。

火夫老计： 哈哈，这个刘经本想吞并岳飞的部队，结果自己的部队反而被岳飞合并了，这就叫害人终害己。

快马传书
KUAIMA CHUAN SHU

战场上如何辨认敌军和我军？

编辑老师：

　　我是《历史穿越报》的忠实读者，最近我看到韩世忠和岳飞大败金兵的报道，真是大快人心！不过，我有一个疑问，那就是在战场，士兵如何辨认敌军和我军呢？听说女真人长得跟宋军将士差不多，打仗的时候，会不会出现误伤的情况？

——一名忠实的读者

读者朋友：

　　您的问题很有意思，为此我们特地采访了宋军将士，得到了下面的答案。

　　的确从相貌上看，女真人和宋人差异不大，光靠长相是很难区分的，不过二者的装束很不一样。在战场上，金兵和宋兵都有各自统一的服装，靠服装就可以一眼辨认谁是敌军谁是友军，所以一般不会出现误伤的情况，除非有人故意穿对方的服装来混淆。

　　除此以外，女真人喜欢将头发梳成一个个小辫子，而宋人是将头发束起来的。此外，女真男子还喜欢戴耳环，而宋人男子是不戴耳环的。

　　最后还可以通过听他们说话来辨认，一般女真人说女真话，而且听不懂宋人说话。因此，如果你看到一个既有辫子又戴耳环，嘴里叽里咕噜不知道说什么的人，一定要小心！

编辑　穿穿

嘻哈乐园

我是宋人！

兄弟，我也是宋人。

二人大眼瞪小眼。

穿成这样还敢说自己是宋人，你当我傻啊！

名人来了

MINGREN LAI LE

越越（简称越）大嘴记者

岳飞（简称飞）特约嘉宾

嘉宾简介：他原本只是一个不起眼的军卒，因为智勇双全，先后受到刘韐、张所、宗泽等人的赏识和提拔。靖康之难后，他守东京，战兀术，收复建康，展现出卓越的军事才能。他就是岳飞，一颗正冉冉升起的将星。

越：岳将军，才几年不见，您已经是大名人了！

飞：小记者，低调，低调。

越：听说建康之战后，您亲自把俘虏押送到越州，朝见了天子，皇帝对您印象很好，还赏赐了您好些东西呢！朝中的文武百官对您也是赞不绝口！

飞：这是我分内的事，不值得夸耀，北上收复中原才是我最大的愿望。

越：那皇帝是如何处置那些俘虏的呢？

飞：皇上亲自审问了那些战俘，打听了一下徽、钦二帝的消息，知道他们在金国过得很不好，皇上十分悲伤。最后他下令处死了八名女真人，其他人就划归到各个军队去了。

越：唉，虽然靖康之难已经过去四年了（按月份计算是三年多，但古人常以整数年表述重大事件间隔），但一想起这事，我就特别揪心。

飞：唉，谁说不是呢。

越：听说您的家乡河南早就被金兵占领，您的家人现在怎么样啦？

名人来了

飞：（眼睛红了）我离开家乡后，因为兵荒马乱，有很长一段时间与家人失去了联系，我妻子刘氏以为我死了，就改嫁了。

越：那您母亲呢？

飞：我母亲独自带着我的两个儿子（指岳云和岳雷）生活，过得十分艰难。我好不容易派人打听到他们的消息，想接他们到我身边，我母亲还让人转告我，让我好好跟着皇帝打仗，不要挂念她，不要挂念儿子。

越：您的母亲真是世间少有的深明大义啊！

飞：可我一个做儿子的听到这个消息，哪里睡得着吃得下啊！我前后十八次派人潜入汤阴，好说歹说，才把我母亲和两个儿子接到军营。

越：老人家身体还好吧？

飞：唉，经过这几年的流离奔波，母亲的身体已经非常虚弱了。况且南方天气潮湿，老人家非常不习惯，浑身都痛。所以只要军中没事，我就会亲自为母亲煎药，照顾母亲吃饭。

越：您真是一个大孝子！您有想过去找找刘氏吗？

飞：既然人家已经改嫁了，就没有必要了！我重新娶了一个妻子，叫作李娃。她十分孝顺母亲，把岳云和岳雷当自己的孩子对待，是个好妻子、好媳妇，也是一个好母亲。

越：那这是不幸中之大幸了！

飞：要不是因为金贼，我也不会遭受这母子分别、妻离子散的痛苦！

越：放眼天下，遭此痛苦的，又何止您一家！

飞：是的，"此仇不报非君子"！终有一天我们要杀到金人的老巢，报仇雪恨！

越：我相信岳将军！那我就等您的好消息！祝您早日凯旋！

飞：多谢小记者提醒。那本将军就不陪你了，后会有期！

广告小铺

封梁氏为杨国夫人

韩世忠之妾梁氏（即后世话本和野史中梁红玉的历史原型），巾帼不让须眉，在黄天荡一战中亲自擂鼓，与丈夫韩世忠共进退。在金军败北之后，梁氏不仅不居功，还检举丈夫韩世忠因大意放跑了敌军，这样的女子真令人刮目相看，特将之封为杨国夫人，以示嘉奖。

赵构

张师傅面馆开张了

你还在为南方没有面吃烦恼吗？快来张师傅面馆，点一碗热腾腾的汤面吧！我们的大厨是地道的北方人，面粉也是用优质小麦磨的，保证让您找回家乡的味道！

张师傅面馆

一般北方人习惯吃面食，南方人习惯吃米饭。北宋灭亡后，北方人大规模往南方迁徙，带来了新的饮食习惯。

智者为王
ZHIZHE WEI WANG

智者无敌 王者为大 第2关

1. 是谁建立了南宋？
2. 谁临死前三呼过河？
3. 金人称呼宗泽为什么？
4. 八字军的统领是谁？
5. 《清明上河图》描绘的是哪里的场景？
6. 《清明上河图》现在收藏在哪里？
7. 是谁提出了"搜山检海抓赵构"的口号？
8. 黄天荡之战中宋军的主将是谁？
9. 黄天荡之战中金军的主将是谁？
10. 黄天荡之战后，谁因功被封为杨国夫人？
11. 谁收复了建康？
12. "衔枚"是什么意思？
13. 岳飞收复建康时，谁为了吞并他的军队想阴谋杀掉岳飞的家人？
14. 女真男子常见的装束是梳辫子、戴耳环吗？
15. 建康之役后，是谁押解着俘虏去越州献俘？

第 7 期
公元1130年—公元1132年

讨伐内寇

穿越必读 CHUANYUE BIDU

将金人赶出江南后，岳飞立刻又投入了讨伐内寇的战斗中。他赶跑大盗李成，招降张用、曹成等人，把江南地区平定下来。

顺风快讯

伪齐建立了

——来自大名府的加急快报

（本报讯）建炎四年（1130年）九月，大名府发生了一件震惊朝野的大事——

金人册封刘豫为"儿皇帝"，把中原地区给他统治，定国号为"大齐"（史称"伪齐"），定都大名府（后来迁到东京开封府）。

这个刘豫是什么人呢？金人为什么要立他为皇帝？

原来，刘豫本来是北宋的官员，济南知府。金人攻打济南时，刘豫杀抗金守将关胜，献城投降，做了金人的走狗。后来金人南侵失利，知道无法一口气消灭南宋，就想成立一个傀儡政权，在金国与南宋之间设立一个屏障，于是就封刘豫做了大齐皇帝。

当然南宋是不会承认大齐政权的，但以南宋目前的军事力量，是否足以立刻北上攻打伪齐呢？

本报将继续为大家追踪报道。

来自大名府的加急快报！

百姓茶馆
BAIXING CHAGUAN

先打伪齐还是先打内寇？

章进士：金人先前扶持一个"大楚"，现在又扶持一个"大齐"，叫我们宋室子民自相攻伐，他们好坐收渔翁之利。

李将军：依我看，咱们南宋最好先不要跟大齐打。一来咱们刚刚跟金人打了一场，军队已经疲乏不堪，需要休整；二来咱们内部也不太平，这兵荒马乱的年月，盗匪多如牛毛，不如先收拾盗匪，等内部安定团结之后，再去跟金人和大齐拼个你死我活。

黄将军：听说岳飞将军也是这么想的，他给皇帝的奏章里就提出"先平内寇，再图中原"，皇帝也赞同他的看法。所以这几年只要金人和伪齐不过江挑衅咱们，咱们跟他们应该是打不起来的，老百姓也有几年安稳日子过了。

黄东家：听说皇帝已经派岳飞将军去讨伐大盗李成了，以岳飞的作战能力，收拾盗贼还不是手到擒来的事，咱们就坐等岳飞凯旋的消息吧。

讨伐"李天王"

虽然金人被赶到了长江以北,但江南依然不太平,这里盗匪多如牛毛,他们到处为非作歹,烧杀抢掠,称王称霸。为了稳定局势,南宋朝廷开始致力于讨伐盗匪。

盗匪中有一个叫李成的,他原本是一个弓手,天生神力,能挽弓三百斤,十分勇猛。南宋建立后,李成曾率领数万人马投靠宋高宗。后来有一个道士给李成相面,说他"有割据之相"(可以称霸一方),李成一听大受激励,于是发动了叛乱。

为了笼络李成,宋高宗给李成封了官,希望他归顺朝廷。可是官做了,李成却照样到处打劫。他先后占据了江淮(长江与淮河一带)十多个州县,拥兵数十万,自称"李天王",成了朝廷的心腹大患。

绍兴元年(1131年),宋高宗任命张俊为江淮招讨使,去讨伐李成。岳飞也受到任命,跟随张俊一起前去征讨。

这时,李成已经占领江州(今江西省九江市),接下来准备攻打洪州(今江西省南昌市)。张俊抢先一步赶到洪州,与敌人只隔了一条赣江。李成的部将马进多次下战书,张俊根本不敢应战。等到岳飞来了,张俊问岳飞如何是好。岳飞说:"贼寇贪心进攻,不会考虑后方,如果带兵从上游渡过赣江,出其不意,一

龙虎风云

定可以打败他们。"

于是，岳飞亲自率领骑兵从上游渡过赣江，把马进的军队打得大败。马进率领残余部队逃跑，被岳飞一路追击，逃到了筠州（今江西省高安市）。

到了筠州，马进命令全体士兵倾巢而出，列阵十五里，准备与岳飞决战。等岳飞来了，马进一看，大笑起来，原来岳飞只有两百个骑兵。这不是送死吗？马进想也没想，立即出兵交战。

忽然，宋朝的伏兵冲向匪军，把匪军打得连滚带爬。岳飞派人喊话："愿意改邪归正的，坐下！保证不杀！"

一瞬间，八万多匪军应声而坐。

得知部将惨败的消息，李成坐不住了，立刻带了十万大军来助阵，和宋军在奉新县（今江西省奉新县）大战。李成悄悄在奉新县楼子庄的草山设下伏兵，没想到被张俊识破了，张俊命大军从小路冲上山顶，大败敌军。李成看着就要全军覆没，赶紧撤退！

李成一路逃到洪州武宁县（今江西省武宁县），试图从修水过江。岳飞乘胜追击，准备彻底歼灭敌军。谁知李成运气不佳，碰上了江水暴涨，根本无法渡江，这一仗还没有打，匪军就自己溃散了。

李成乘着独木舟越过长江，逃到湖北。宋军一路追杀过江，再次大败李成。李成山穷水尽，只好投奔了伪齐，从此江南地区再也看不到李成匪军的身影。

招降张用与曹成

虽然平定了盗匪李成,但是江西仍不平静,江州和洪州一带还有一个叫张用的贼寇。

这个张用,正是曾经和岳飞在南薰门外交过手的张用。

张俊派岳飞去招降张用,问他需要多少兵马。岳飞笑着说:"此贼我可以徒手擒拿。"

岳飞率军快速来到江州,给张用写了一封信,信中说:

"我们俩是同乡,我给你几句忠告:南薰门之战、铁路步之战,想必你不会忘记。今日我亲自带兵来这里,你要战便战,不战就投降。投降,还可以被国家重用,享受荣华富贵;不投降,要么是死在我的刀下,要么是成为俘虏被押解到朝廷,到时候追悔莫及!"

张用读完岳飞这封信,感慨不已,带着两万余人马投了降。

接着,岳飞又发兵去讨伐巨寇曹成。曹成拥兵十万,从江西历湖、广,占据了道州、贺州,常年欺男霸女,为害一方。

听说岳家军来了,曹成不由得害怕起来,立即逃跑。岳飞一路追赶到贺州,在离敌营几十里处安营扎寨。

一天,军营外忽然喧嚣一片,原来有人捉到一个敌探。岳飞听了,心生一计,让人把探子送到军帐前审问。

正审问着,有人进来报告说:"军粮快吃光了,我们该如何是好?"

龙虎风云

岳飞回答:"赶紧去催,不然只能暂且返回了。"

说到这里,岳飞忽然"意识"到泄露了军情,赶紧住了嘴,回到军帐时还在为刚才的失言顿足。

不错,刚才这一幕其实都是岳飞安排好的表演。当天,由于军卒的"疏忽",探子逃走了。

曹成得到假情报,喜出望外,盘算着等岳飞退兵时如何追击。

这天晚上,岳飞让大家吃饱喝足,等到半夜时分,岳飞率军悄悄出发,绕小路赶往敌营。第二天天刚拂晓,岳家军如神兵天降,出现在匪军面前,迅速攻破匪寨,混乱中曹成匆忙逃跑。

曹成依旧不死心,次日又纠集了三万匪军,与岳飞决战。岳飞率军再次击败曹成的三万兵马。在岳飞的一路追击下,曹成率残部逃亡,最后被韩世忠招降。

快马传书
KUAIMA CHUAN SHU

抵抗还是投降？

编辑老师：

你好！我是虔州（今江西省赣州市）的一个农民。连年战乱，朝廷向我们摊派了各种苛捐杂税，稻谷没有离地，布帛没有下机，就已经不是自己的了。还有许多官吏以军费为借口敲诈勒索，把没钱交税的农民关进牢狱，鞭打凌虐。我走投无路，不得不揭竿起义，加入了农民起义军。

听说除了虔州，吉州的农民起义军也特别多，朝廷将这两地的起义军视为心腹大患，派兵来围剿我们。我们毕竟不是正规军，吃了很多败仗。一个叫岳飞的将军多次派人来招降我们，可是投降又有什么用呢？之前也有起义军投降，可还不是被朝廷屠杀光了。

依我看，朝廷根本没打算放过我们起义军！我们就是战死也要抵抗到底！

农民起义兵大铁

大铁：

你好！我能理解你的苦衷！但是你可能还不太了解岳飞，岳飞也是农民出身，知道农民的艰苦，对农民深怀同情，所以只要你们放弃抵抗，岳飞是不会伤害你们的！建议你们不要以卵击石，还是速速投降吧！

编辑 穿穿

岳飞平定吉州和虔州的起义军后，对俘虏宽大为怀，将其中强壮的编入军队，老弱病残发放钱物后放回。

名人来了

越越（简称越）大嘴记者

岳飞（简称飞）特约嘉宾

嘉宾简介： 他身为武将，弓马娴熟，大智大勇，治军严明。不论是抗击金兵，还是剿灭内寇，他都得心应手。百姓爱戴他，敌人害怕他，皇帝器重他。如今他才刚刚迈入而立之年，假以时日，他必定会绽放出更加夺目的光辉。

越：岳将军，您好！建康一别后，您立的战功我用手指头都数不清了！让您去打游寇，简直就是用大炮打蚊子啊！

飞：越越，几年不见，你拍马屁的功夫也见长啊！

越：多谢岳将军夸奖！前段时间朝廷派您镇压了吉州和虔州的农民起义，据说岳家军所到之处，秋毫不犯，而且您对俘虏也十分优待，这两个地方的百姓对您感激不尽，家家户户都张贴您的画像，早晚供奉，您可真了不起！

飞：这没什么，我只是做了自己该做的事。

越：话可不能这么说！如今这个世道，官军欺压百姓是常态，可是岳家军却军纪严明，秋毫不犯，您是用什么方法治军的？

飞：简单，就是"小善必赏，小过必罚"。

越：能具体说说吗？

飞：我记得有一回，一个士兵捆草料时，拿了百姓一缕麻绳，事情查明后，我按军法将他斩首了。

越：天呐，一缕麻而已，会不会太严厉了？

飞：今天一缕麻，明天就可能上

名人来了

房揭瓦。岳家军的军规是："冻死不拆屋，饿死不掳掠。"

越：什么意思？
飞：意思是，士兵即便冻死饿死，也不毁坏民宅，不掠夺百姓的东西。

越：给你们点个赞。怪不得我听说，士兵们晚上睡觉，百姓开门请他们进屋来睡，他们都不肯进去，这也是你们的军纪？
飞：当然。

越：岳家军果然是军纪严明。
飞：你不要觉得我们没有人情味就好，哈哈。

越：哪有，哪有，我还听说，您私下里对士兵其实挺好的。有士兵生病了，您还亲自给他调药呢，可见，岳将军对待士兵还是很好的啦！
飞：（连连摆手）小事而已，不值一提，不值一提。

越：难怪岳家军所向披靡，有您这样治军严明、体恤下属、赏罚分明的好上司，士兵当然肯为您卖命。
飞：唉——

越：岳将军，您为什么还要叹气？有什么烦心事吗？
飞：兄弟们愿意为我卖命，为的是讨伐金贼，我现在却只能带着他们打一打游寇，镇一镇叛乱分子，虽然这些年我打了一些胜仗，但这都不是我的最终抱负啊！现在徽、钦二帝还在金国受苦，中原也被伪齐占领，我怎能不为此烦心呢？

越：嗯，我记得您说过，大宋与金贼的血海深仇，您是一定要报的！
飞：是啊，现在江南基本上安定了，我什么时候才能去讨伐金贼呢？

越：我想过不了多久吧。
飞：但愿如此吧。唉，我现在要去练兵了，咱们后会有期！

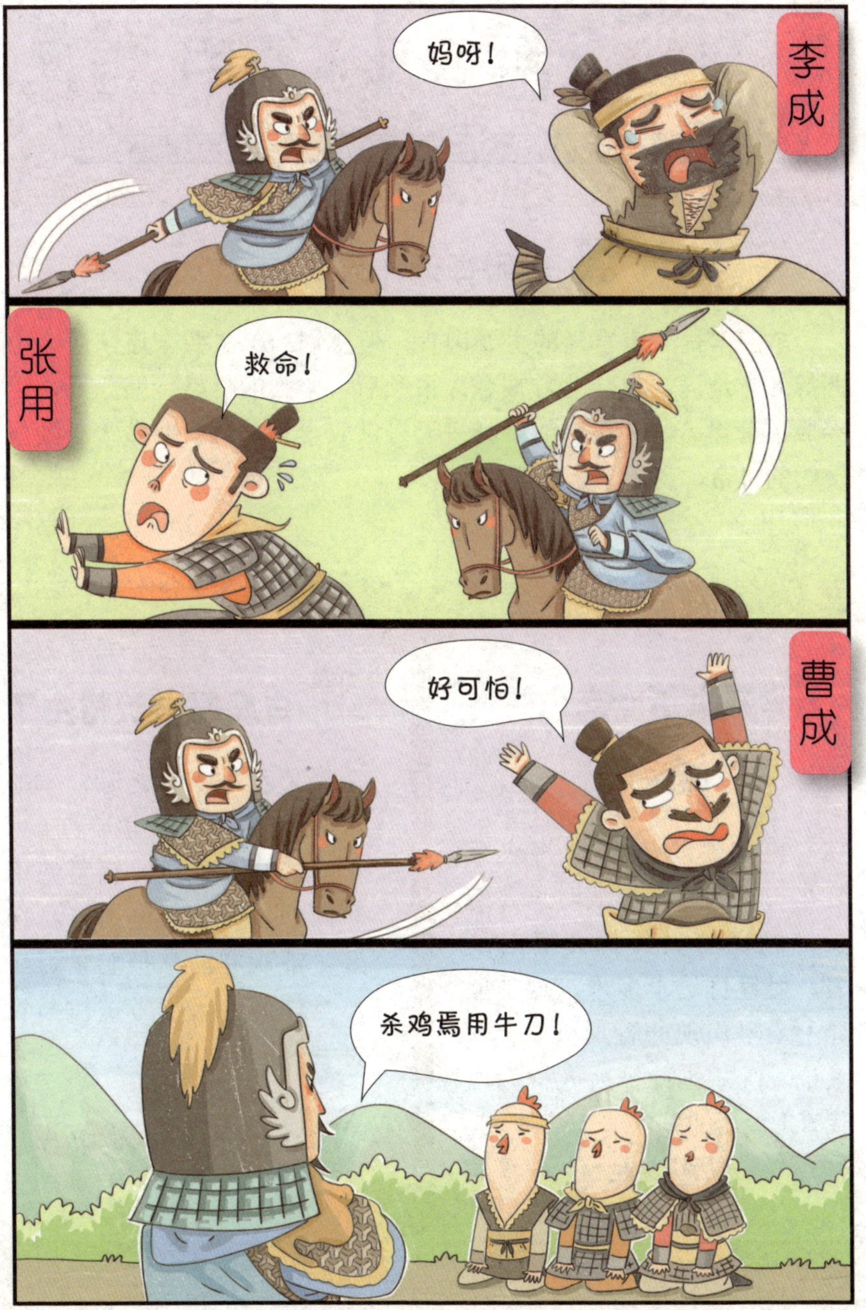
妈呀！
李成
张用
救命！
好可怕！
曹成
杀鸡焉用牛刀！

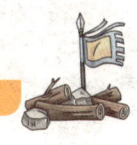

广告小铺

御膳每天一只羊

羊肉本是大宋宫廷的主要肉食，但我们的羊主要来自陕西、山西等北方地区，自从北方被金人占领后，羊肉的价格一路飙升，已经成了奢侈品。今后朕的御膳每天只供应一只羊！朕要做一个勤俭节约的皇帝，为天下人做表率！

赵构

世界上第一支火枪诞生了

南宋军事家陈规将火药装在长竹竿内，交战时只要点火，燃烧的火药就会喷向敌人，射程可达十多米，这是世界上最早出现的管形火器——火枪，陈规因此被后人称为现代管形火器的鼻祖。

《历史穿越报》编辑部

白鹿洞书院招生了

值秋季入学之际，本书院现面向百姓招收学员若干。年龄、社会地位、籍贯都不是问题，只要爱学习，品行好，都欢迎前来报名学习。一旦你通过入学考试，书院将免费提供食宿。

白鹿洞书院招生办

第8期

公元1133年—公元1135年

北伐伪齐

穿越必读 CHUANYUE BIDU

在南宋讨伐内寇的时候，北方的伪齐军联合金军，先后占领了河南、湖北的大片地区，甚至攻陷了襄阳，对南宋的长江防线造成巨大的威胁。于是，南宋第一次大规模北伐开始了，而这次领兵的将领正是岳飞！

顺风快讯
SHUNFENG KUAIXUN

岳飞父子觐见皇帝
——来自临安的喜报

（本报讯）南宋绍兴三年（1133年）九月，金风送爽，天高云淡，临安城的皇宫内呈现出一派喜庆景象。岳飞、岳云这对父子同时受到了皇帝召见，双双来到了朝堂上。

岳云这时还只有十五岁，却已经是个上过战场而且立过战功的少年英雄。据说他臂力惊人，八十斤的一对铁锥枪在他手中就跟玩具似的。

皇帝见到这对英雄父子，非常高兴，先是对他们表示了亲切的慰问，接着对岳飞数年来保家卫国的功劳进行了一番嘉奖，一股脑儿赏给岳飞父子许多衣甲、金带、战袍、弓箭、刀枪、战马等。

在这些赏赐中，有一件物品十分特殊，那就是一面战旗，上面绣着由皇帝亲笔题写的"精忠岳飞"四个字。

皇帝还特别叮嘱岳飞，行军时要把这面旗子挂起来。皇帝大概是希望借这面旗子，激励岳飞更加尽心为朝廷效力吧。

来自临安的喜报！

百姓茶馆

BAIXING CHAGUAN

岳家军有哪些猛将？

王公子：听说岳将军不仅自己打仗厉害，手下还有一批如狼似虎的猛将，你们知道都有哪些人吗？

赵秀才：我知道一个：张宪。张宪是最早投奔岳飞的将领之一，他赤胆忠心，骁勇善战，岳飞布置的任务他都能很好地完成，深得岳将军信赖。

渔夫小刘：还有徐庆和王贵，他们都是岳飞的河南老乡，跟随岳飞南征北战多年，立下了汗马功劳，是岳飞的左右手，在岳家军中具有很强的号召力。

农夫王二：还有牛皋，虽然他加入岳家军的时间不长，但他本事不小。牛皋为人刚直憨厚，擅长骑射，几乎每次打仗都逢凶化吉，是一个大大的福将。

樵夫张三：还有杨再兴，他本来是巨盗曹成的悍将，杀了岳飞的将领韩顺夫，还杀了岳飞的弟弟岳翻。战败后被张宪抓住，临死前他请求见岳飞一面。岳飞早听说过此人武功了得，一见面就亲手为他松绑，说："你是条好汉，我不杀你，你应该从此改过，以忠义报答国家。"杨再兴听了感激涕零，从此成了岳家军里的一员猛将。

快马传书

让谁去收复襄阳？

编辑老师：

　　你好，我是大宋皇帝。最近伪齐和金国联合发兵，大举南侵，已经攻陷了军事重镇襄阳（今湖北省襄阳市），对南宋造成了巨大的威胁。

　　岳飞毛遂自荐，主动请缨去收复襄阳失地。副宰相赵鼎也认为，没有人比岳飞更熟悉长江上游的情况，可以重用他。但也有人提出质疑，认为岳飞太年轻，资历尚浅，难以担此重任。

　　现在我很矛盾，你说岳飞到底能不能担当收复襄阳的重任呢？

赵构

陛下：

　　根据我们得到的情报，这次伪齐派出的主将是李成。他原本是江南巨寇，三年前在江州被岳飞击败后，渡过长江，归降了刘豫。岳飞既然能打败他一次，就能打败他第二次、第三次……

　　而且，满朝文武还能找到比岳飞更合适的人选吗？

　　所以，我认为只要朝廷保障岳家军的粮草，做好增援准备，岳飞一定能打败李成，完成任务。

编辑 穿穿

宋高宗最终决定让岳飞前去收复襄阳。

岳飞收复襄阳六郡

南宋绍兴四年（1134年）五月，岳家军浩浩荡荡地朝襄阳进发，开始了第一次北伐。

过长江时，岳飞对部将们说："飞不擒贼帅，复旧境，不涉此江！"

过江后，岳家军只一天就攻下了伪齐统治下的郢州（今湖北省钟祥市）。接着岳飞派部将张宪、徐庆进攻随州，自己则率领主力去攻打襄阳。

随州的守将王嵩听说岳家军来了，把城门一关，当起了缩头乌龟，张宪和徐庆攻了好几天也没攻进去。大将牛皋就请求前去支援，他说："只要给我三天的粮食，我就能攻下随州。"

众将都认为牛皋在吹牛，但岳飞却批准了牛皋的请求。

就这样，牛皋带着兵马和三天的粮食马不停蹄地赶往随州，与张宪、徐庆会合，果然三天粮食还没吃完，牛皋就攻克了随州，俘虏了五千人。值得一提的是，岳云也参加了这次战役，他手握一对重达八十斤的铁锥枪，左右挥舞，为大军开路，一马当先冲上城头，立下了战功。

再说驻守襄阳的李成，他听说郢州一天就被攻下来了，这令他再一次回忆起被岳飞追杀的场景，他想也不想就弃城而逃了。

金国听说伪齐战败了，派出大批援军，李成有了援军，觉得自己又可以了，于是率领联军杀气腾腾地反扑回来，结果被岳家军的两支队伍夹攻，又吃了败仗。

龙虎风云

李成不服气，第二天再次反扑。两军对阵，岳飞一看李成的阵法，笑了，对部下说："这个贼寇曾败在我手下，我以为他会吸取教训，没想到还是毫无长进。"

原来，两军交战，步兵应利用险阻之地，骑兵应利用平旷之地，然而李成却反其道而行之，将骑兵布置在江边，步兵却聚集在旷野。

于是，岳飞指着王贵说："你，带着步兵去攻打敌军骑兵。"又指着牛皋说："你，率领骑兵去攻打他们的步兵。"

王贵的步兵一到，李成的骑兵在江边无处躲闪，结果像下饺子一样掉进江里去了。同时，李成的步兵也在平地上被牛皋的骑兵杀得人仰马翻，横尸二十余里。

岳家军一鼓作气，收复了被伪齐占领的襄阳等六郡。这是南宋王朝的第一次大规模北伐，不仅收复了大片失地，还大大鼓舞了宋军的士气。

龙虎风云

摸鱼游戏的玄机

襄阳一带基本稳定后,岳家军便撤回江南,屯驻在鄂州(今湖北省武汉市)。

这时,洞庭湖一带又出现了农民起义,起义军首领名叫杨幺(本名杨太,也有的文献写作杨幺),他打着"等贵贱,均贫富"的旗号,在洞庭湖上建立起一个个水寨,与官府对抗,已经成为继金兵、伪齐之后南宋的第三大祸患。

绍兴五年(1135年)二月,岳飞奉皇帝之命,前往洞庭湖平定杨幺的起义军。

此次征战岳家军遇到一个问题:岳家军虽然骁勇善战,但将士大多来自北方,并不熟悉水战。这时,一个叫薛弼的官员对岳飞说:"将军玩过摸鱼游戏吗?"说完取来一盆水,水里有一条鱼。当水很满时,鱼在水中恣意游动,不好抓;当水渐渐被舀走后,鱼轻而易举就被捕捉了。

岳飞恍然大悟。开战前,岳飞让人开闸放水,同时将大量青草抛撒在湖面。开战后,岳家军的船小,行动灵活;杨幺的船大,十分笨拙。见情况不妙,杨幺决定从港口突围逃跑,岳飞却早在港口安排了巨筏拦截。杨幺只能跳水逃命,结果水里也有岳家军。杨幺被人从水里拖上来,押到岳飞面前,斩首示众了。

岳飞平定杨幺起义后,顺便把水寨里的起义兵收编了,为岳家军增加了一支水军。

嘻哈乐园

薛弼在演示摸鱼游戏,把水缸里的水舀掉。

薛弼

水多和水少的区别,您明白了吗?

水多时做水煮鱼,水少时做红烧鱼!

名人来了

越越（简称越）大嘴记者

岳云（简称云）特约嘉宾

嘉宾简介：打虎亲兄弟，上阵父子兵。岳云作为岳飞的长子，是名副其实的将门虎子。他十二岁入伍，十五岁朝见天子，十六岁跟随父亲收复襄阳六郡，屡立战功，被人尊称为"赢官人"（官人是古代对男子的敬称，赢指他常胜不败）。

越：岳少侠，见到你真是太激动了。
云：哈哈，小记者你冷静一点。

越：你父亲一共有几个儿子？都入伍了吗？
云：我父亲有四个儿子（岳飞一共有五个儿子，此时小儿子岳霆还没出生），我是家中长子，岳雷是次子。父亲和继母还生了两个弟弟——岳霖和岳震，不过弟弟们还都太小，不能打仗。

越：（汗）怎么岳家孩子的名字都跟天气预报似的……岳少侠是在哪里长大的？
云：我是在北方长大的。父亲在我很小的时候就投军了，后来母亲也改嫁了，我就跟奶奶相依为命。在我十岁那年，父亲派人找到了我和奶奶，把我们接到了军营。

越：当时你对父亲是什么印象？
云：严厉吧，我当时有点怕他，不过他一般都在外面打仗。我十二岁时，父亲让我到张宪将军的队伍中做一名小兵。当时我瘦弱得像根豆芽菜似的，不过经过这些年的训练，我已经脱胎换骨了。

越：作为一个"将二代"，你有没有受到特殊照顾？

名人来了

云：特殊照顾？一点都没有！不管是饮食起居还是行军打仗，都和普通士兵一样！

越：不可能吧？

云：我记得有一次，我披着重铠，练习骑马下坡。突然马被绊倒了，我从马上摔了下来。父亲认为是我平时缺乏训练造成的，还责问我是不是上了战场也这样，我完全吓傻了！父亲十分生气，下令要斩了我。

越：啊？那后来呢？

云：幸亏叔叔们跪下来替我求情，父亲才免我一死，但还是打了我一百军棍。从此以后，我就不敢再偷懒了。也多亏了父亲的魔鬼训练，我现在才能这么强壮。

越：你父亲治军果然严厉！在其他方面呢？他对你们的要求也很严格吗？

云：其他方面也是一样。父亲认为稼穑（泛指农业劳动）艰难，不可不知。所以在读书之余，我和岳雷都必须在田圃里做农活。还有一点，就是绝对不能饮酒。

越：可我记得岳飞将军原来是很爱喝酒的。

云：是啊，父亲原来很爱喝酒。有一次，他喝醉了，还把一个同僚打成重伤。有人把这事告到皇帝面前，皇帝便劝家父戒酒，后来父亲就滴酒不沾了，他说等有一天收复了故土，再和将士们喝个痛快。

越：岳飞将军以身作则，真令人敬佩！我还有一个问题，请问你最大的理想是什么？

云：当然是和父亲一样，北伐抗金，收复中原！

越：真是虎父无犬子，希望你们早日成功！

广告小铺

千古绝唱《满江红·写怀》

岳飞将军驻扎鄂州时，曾独自登上高楼，凭栏远眺。眼前的锦绣河山令他想起国家的危难，以及自己的戎马生涯。他一时感慨，作了一首慷慨激昂的词《满江红·写怀》。现将这首词抄录如下，希望能时时提醒南宋子民不忘国耻，早日北上抗金，收复河山！

怒发冲冠，凭栏处，潇潇雨歇。

抬望眼，仰天长啸，壮怀激烈。

三十功名尘与土，八千里路云和月。

莫等闲，白了少年头，空悲切。

靖康耻，犹未雪；

臣子恨，何时灭？

驾长车，踏破贺兰山缺。

壮志饥餐胡虏肉，笑谈渴饮匈奴血。

待从头，收拾旧山河，朝天阙！

严禁官员劝农期间置办酒席

我国是农业大国，为了提高农民种田的积极性，每年春天朝廷都会派官员下乡劝农。然而，有一些官员借劝农之名，行游玩之实，到处鱼肉乡民，甚至贻误农时！朕再次重申，严禁官员在劝农期间置办酒席，收受礼金，请官员们自觉遵守！

赵构

第9期

公元1136年　公元1137年

再次北伐

岳飞奇

穿越必读 CHUANYUE BIDU

第一次北伐结束后，岳飞立刻投入第二次北伐的准备工作中，但由于眼疾和母丧，第二次北伐他耽搁了足足一年才出发。

顺风快讯

准备好了，再次北伐
——来自鄂州的加密快报

（本报讯）岳飞平定杨幺起义军后，还没来得及喘口气，便开始为第二次北伐做准备了。他主要做了两件事：

一、加紧训练军队，提高岳家军的战斗力。

二、积极联系北方的抗金义军，以便将来北上时和他们联手抗击金兵。

原来，自从靖康之难后，北方就不断有人自发组织义军，反抗金国的统治，还收复了不少失地呢。在河北、河东一带，有一个著名义军首领，名叫梁兴。他领导义军在北方与金军周旋多年，杀敌无数，被人们亲切地称为"梁小哥"。

绍兴六年（1136年），梁兴突破金军的重重阻碍，渡过黄河，在鄂州见到了岳飞。一南一北两大抗金将领终于见了面，岳飞十分高兴，上报朝廷后，就把梁兴留在了岳家军中。

做好这一切准备工作后，岳飞的第二次北伐便指日可待了。

来自鄂州的加密快报！

百姓茶馆
BAIXING CHAGUAN

岳飞为何迟迟没有北伐？

士兵甲： 早就听说岳将军准备第二次北伐了，可过这么久了，岳家军怎么还没动静呢？

士兵乙： 岳将军也想早日北伐啊，可是人算不如天算，有两件事把他给绊住了：一件是眼疾，一件是母丧。这两件都不是小事，岳将军也是没办法啊。

士兵丙： 是啊，岳将军因为长期在炎热的南方打仗，不幸染上眼疾。平定杨么叛军后，他的眼疾加重，双目赤红，连饭都吃不下去，还全身无力，这状态怎么打仗啊？

士兵丁： 就是，后来经过休息和治疗，岳将军的眼疾好不容易有所好转，可这时又传来一个噩耗：岳将军的母亲去世了！岳将军悲痛万分，厚葬了母亲，准备为母守孝三年。唉，我看北伐这事是遥遥无期喽。

士兵戊： 守孝三年？战事这么紧张，哪有时间让岳将军守孝三年？听说皇帝几次派人"起复"（官员服丧未满即应召任职）岳将军，岳将军实在无法推辞，只好用木头刻了母亲的雕像随身带着，回到了鄂州军营。

92

第二次北伐

绍兴六年（1136年）七月，岳飞的第二次北伐终于开始了。

岳飞决定兵分两路，东路派出大将牛皋，去攻打伪齐的镇汝军（驻地在今河南省鲁山县）。镇汝军的守将名叫薛亨，骁勇善战。

牛皋出发前，向岳飞表示一定要把薛亨活捉回来。

西路岳飞则派出大将王贵，去收复伪齐重兵把守的虢州卢氏县（今河南省卢氏县）。

不久之后，好消息接二连三地传来！

东路的牛皋攻下了镇汝军，还捉回薛亨！西路的王贵也攻占了卢氏县，还缴获了大量粮草。接着王贵派出猛将杨再兴去攻打长水县（今河南省洛宁县），很快就破了城，缴获两万石粮食，岳家军把粮食全部分给当地的军民。

很短时间之内，岳飞收复了大量失地，打出了南宋军队的气势，但由于劳师远征，粮草不继，岳飞不得不撤军回到鄂州，结束了第二次北伐。

快马传书

金国为什么不派救兵？

编辑老师：

　　你好！我是刘豫，做大齐皇帝已经六年了。对于大宋来说，我可能是一个叛徒，但是对于金国来说，我绝对是一个忠臣，金人的命令我从没有不听的，我甚至把金国皇帝叫爸爸。

　　前些日子岳家军忽然发动进攻，夺走了我大齐许多土地，我赶忙向金国爸爸求救，可是他们却迟迟不肯出兵，这是为什么？

大齐皇帝　刘豫

刘豫：

　　你好！你说自己对金国忠心耿耿，可金人真的把你当自己人吗？他们扶植你当皇帝，一是因为当时他们无法直接统治北宋故地；二是想让你替他们挡刀——宋军要打，先打你；要消耗，先消耗你。你管金国皇帝叫"爸爸"，可他们只把你当傀儡和工具，有用的时候哄着，没用的时候随时丢掉。

　　岳家军打过来，你向金国求救，他们却按兵不动，为什么？不是他们没能力救，而是觉得不值得。大齐接二连三被宋军打败，这哪还是金国的助力，分明是累赘。

　　更何况，今时不同往日了。经过这些年的发展，金国已有能力统治北宋故地，不再依赖代理人了。而金国想要灭掉南宋的梦也被岳飞、韩世忠等抗金将领击碎，南宋军民的强势反击，使金国意识到用武力征服大宋太难了！

　　再说金国国内，金熙宗即位后，主战派完颜宗瀚失势，完颜昌（挞懒）得势。当初你与保举你的挞懒反目，投靠并完全依赖宗瀚，站错了队，现在失去金国高层信任，后悔了吧？

　　你现在是死是活，金人根本就不关心。说不定，他们早就盘算着等你和岳家军两败俱伤，再来捡便宜呢。

编辑★穿穿

嘻哈乐园

第三次北伐

岳飞撤兵后,刘豫不甘失败,在没有金军援助的情况下,依然向南宋发起反攻,号称七十万的伪齐大军直扑淮西,结果吃了败仗,可他仍旧不死心,转头又扑向江汉,这次他还等来了金国的一支援军。

绍兴六年(1136年)十一月十五日,已经回到鄂州的岳飞强忍着眼疾,连夜率军紧急渡过长江,开始了第三次北伐。

岳飞渡江后,决定先攻下伪齐占领的蔡州(今河南省汝南县)。可到了蔡州后,岳飞经过侦察发现,这里城池坚固,防守严密,城上却没有守军,岳飞猜测附近很可能有伪齐的伏兵,于是决定先撤兵。

岳飞猜得没错,此时伪齐的李成等十位大将正等着岳飞自投罗网呢。李成见岳飞撤兵了,急忙追赶。岳家军中负责殿后的董先获得了情报,让士兵埋伏在密林之中,自己则在桥上等待敌军。

龙虎风云

李成很快到了,一见董先,便举起绳索,高声喊道:"你别跑,我今天先擒了你。"

董先也高声回答:"我一定不跑,只怕你要跑!"

李成见董先气定神闲,心中十分疑虑,再一看,四周都是茂密的丛林,阴风阵阵,心想:岳家军会不会埋伏了重兵?李成便派出一支队伍试探虚实,董先也调拨一支队伍迎战。李成退兵,董先也退兵。双方打了十多个回合,分不出胜负。

忽然,如雷的战鼓声响起,只见岳飞率领大军从群山深处奔涌而出,李成一看,吓得魂飞天外,掉头就逃,岳家军乘胜追击。

伪齐军一路逃到一个叫牛蹄的地方,已经是人困马乏,正准备休整进食,突然,又是一阵咚咚的战鼓声,岳家军从四面八方杀来,将伪齐军杀得尸横遍野。

战斗结束后,岳家军俘虏了伪齐的数十员武将、数千名士兵,还缴获了三千余匹战马。岳飞下令将武将押解到南宋都城临安府,把数千士兵叫来,亲自训话:

"你们都是中原的百姓,国家的好儿郎,不幸被刘豫强征入伍,我知道这并不是你们的本意。今天我把你们全部放回去,你们见到中原的百姓,要把朝廷的恩德告诉他们。等大宋军队去收复中原时,你们要率领当地豪杰前来响应!"

说完岳飞便把俘虏的士兵全部释放,还不忘给他们一些财物。

刘豫被废了

绍兴七年（1137年）十一月，东京传来一个消息：当了七年伪齐皇帝的刘豫被金人废黜了！

对于金人废掉刘豫的原因，民间众说纷纭，有人猜测是因为刘豫的靠山完颜粘罕在政治斗争中失败；也有人说是因为刘豫太无能，和南宋交战屡战屡败，太给金国丢脸了；还有人说，是因为岳飞使用了反间计，挑拨了金人与刘豫的关系。

岳飞的"反间计"到底是什么呢？原来，就在刘豫被废的一个月前，岳家军抓到了一个金人的奸细，岳飞打量了奸细好半天，忽然说："你不是张斌吗？原本是我军中的人啊！"

说完岳飞引导奸细进了密室，严厉斥责道："我以前派你送密信给刘豫，准备跟他联手杀掉完颜兀术，结果你一去不返，你为什么要背叛我？"

奸细听得一头雾水，但为了活命，也只好稀里糊涂地承认了错误。

接着，岳飞又提笔写了一封密信，让奸细带给刘豫，信中再次约定了杀害完颜兀术的时间和地点，表示事成之后大宋与大齐就是兄弟之国了。

岳飞对奸细说："把这封信交给刘豫，我就免掉你的死罪。"

奸细向岳飞拜谢告辞，回去后赶紧向完颜兀术汇报了这个大情报。完颜兀术果然上当，把这事报告给了金国皇帝。没多久，刘豫就被金人废黜了。

名人来了

MINGREN LAI LE

越越（简称越）大嘴记者

岳飞（简称飞）特约嘉宾

嘉宾简介：第三次北伐结束后，他被宋高宗擢升为正二品太尉。短短十年时间，他从一个无名小卒，一路升迁至武将的最高头衔，成为宋高宗最为倚重的大将，也成了南宋收复中原的最大希望和倚仗。

越：岳将军，您眼睛好点了吗？
飞：好多了，皇上派了御医给我看眼疾，还送了许多眼药，自然是好得快。

越：皇帝真是器重您啊。您现在已经是节度使、宣抚使、太尉了，要荣华有荣华，要富贵有富贵，多少人求之不得啊。
飞：这些我都不在乎，我只希望早日收复中原。

越：朝廷的几大将领中，张俊爱钱，吴玠好色，韩世忠也贪财，您除了收复中原，难道就没有一点个人爱好吗？
飞：我原来只是一个穷苦农民，养成了俭朴的生活习惯，改不过来也没必要改。我记得有一次，有个官员送来一只鸡，我觉得太奢侈了，就告诉厨子以后不要接受这样的礼物。我自己家也很少吃鸡。

越：（左瞅右瞅）我还听说，有个官员见您连个侍妾都没有，就花重金置办嫁妆，将一个官宦人家的女子送到您府上做妾，您收了吗？
飞：没收。我和妻子李娃恩爱有加，根本没有纳妾的打算。不过我不好直接拒绝人家的好意，就把那个女子安置在一间空房里，隔着屏障告诉

99

名人来了

她，我们家穿的都是普通布料，吃的都是粗菜和面食，如果她能同甘共苦，就留下来；不能的话，我不敢留她。

越：那她走了？

飞：走了，从头到尾我连她面也没见到。

越：（竖大拇指）您可真厉害！不过您现在身居高位，难道没有想过为家人谋求一点福利吗？我听说有一次皇帝要给您建造一座府邸，您也拒绝了，这是为什么？

飞：金人未灭，何以家为？后来皇帝又问我，什么时候才能天下太平。我说，文臣不爱钱，武臣不惜死，天下就太平了！

越：说得太对了！不过，您一点个人爱好都没有，也是一件很危险的事啊。

飞：为什么？

越：您想啊，大将贪财好色，说明没有野心，这让皇帝很放心。可是您既不贪财又不好色，皇帝也许会怀疑您的志向到底是什么。

飞：天地可证，我的心愿就是收复中原，从来没有变过！

越：（小声嘀咕）可是皇帝不一定这么想啊。我还有最后一个问题，您准备什么时候进行第四次北伐？

飞：只要皇帝点头，当然是越快越好。我早已经和北方的抗金义军联系好了，等到我们的军队攻打到中原时，他们就会一起接应我们。就连制作旗子的店铺也是我们的人，只要我们一发兵，他们就会挂出岳家军的旗子，争取一战收复中原！

越：您真是用心良苦！祝将军早日达成心愿！

广告小铺

严禁商船到山东贸易

禁止福建、江苏、浙江等地的商船到山东沿海做生意，以防止有人与金人私通！

赵构

重造水运仪象台

天文学家苏颂、韩公廉等人设计建造的水运仪象台，可以进行天文观测、天象演示和报时，是当世非常先进的天文仪器，可惜在靖康年间被金兵夺走，现在朕想重造水运仪象台，希望能有精通机械的人才助朕一臂之力。

赵构

水运仪象台是世界上最早的天文钟，由于构造精妙，南宋几次想要重造都以失败而告终。

皇帝都爱的沆瀣浆

你知道现在最流行的解暑饮品是什么吗？不错，就是沆瀣（hàngxiè）浆！它由新鲜的甘蔗、萝卜熬制而成，甘甜解暑，回味无穷，连皇帝喝了都说好。本店每日都有解暑的沆瀣浆供应，快来尝一尝吧！

李记冷饮铺

智者为王
ZHIZHE WEI WANG

智者无敌 王者为大 第3关

1. 伪齐的皇帝是谁？
2. 伪齐皇帝是金人的傀儡吗？
3. "冻死不拆屋，饿死不掳掠"是哪支军队的军规？
4. 岳飞和岳云于哪一年同时受到皇帝的召见？
5. 世界上第一支火枪是谁发明的？
6. 宋高宗赐给岳飞的战旗上面有哪四个字？
7. 谁是岳家军里的福将？
8. "赢官人"指的是谁？
9. 岳云的常用武器是什么？
10. 是谁收复了被伪齐占领的襄阳？
11. 《满江红·写怀》是谁的作品？
12. 哪两件事使岳飞第二次北伐延迟了？
13. 伪齐皇帝刘豫最终被金人废掉了吗？
14. 南宋时期武将的最高头衔是太尉吗？
15. 水运仪象台是谁设计建造的？

第10期

公元1137年——公元1139年

屈辱议和

穿越必读 CHUANYUE BIDU

抗金十多年来，南宋的军事力量不断加强，金国的军事力量日渐衰弱。终于，金国向南宋发出了议和的信号，这对宋高宗来说是求之不得的事，只是，金人的议和真的可信吗？

顺风快讯
SHUNFENG KUAIXUN

宋金即将议和吗？
——来自临安府的加密快报

（本报讯）就在岳飞立志进行第四次北伐时，却传来宋金即将议和的消息，这是怎么回事呢？

原来，绍兴七年（1137年）年底，宋高宗派使者王伦去金国迎接宋徽宗的棺木（宋徽宗于1135年死于金国五国城），金国大将完颜挞懒对王伦说："你回去后告诉你们皇帝，从现在起道路畅通无阻（指废掉伪齐），和议可以达成了。"

金人要议和啦！宋高宗喜出望外，立刻重重赏赐了王伦，并对大臣们说："朕因为父亲的梓宫（棺木）、皇太后、渊圣皇帝还没有回来，一天到晚忧伤害怕，只要金人把他们送回来，我就什么都不计较了。"

宋高宗这番话，表明了他不惜一切代价议和的决心。

那么宋金议和到底能不能成功呢？本报将继续跟踪报道。

来自临安府的加密快报！

主战派与主和派

对于宋金议和这件事，朝中议论纷纷，一番激烈的争论后，大臣们分成了两派：以大将韩世忠、岳飞为代表的主战派，以及以宰相秦桧为代表的主和派。

这个秦桧是什么人？他为什么极力主张议和呢？

原来，秦桧竟然是前些年从金国逃回来的北宋大臣！秦桧原本是北宋的御史中丞，靖康之难后，他被金人俘虏到金国，还做了金国的官。公元1130年，秦桧突然回到南宋，自称是杀了监视他的金兵，抢了一条小船逃回来的。

秦桧一回国，就提出跟金人议和的主张，这让宋高宗大为高兴。宋高宗很快把秦桧提拔为宰相，还根据他的建议，派人去向金人乞和，谁知金人压根就不理睬他。宋高宗一气之下，把秦桧罢了相。

过了几年，宋高宗又将秦桧提拔上来，秦桧还是坚持与金人议和。而这回，金人主动向南宋抛出了橄榄枝。

不过，朝中的主战派可不会让秦桧轻易得逞，大将韩世忠立刻站出来反对议和，枢

龙虎风云

密院编修胡铨还上书请求砍了秦桧等人的头!

岳飞也不例外,早前他收到刘豫被废的消息后,就马上给皇帝上奏,希望趁这个机会,向中原发兵,打金人一个措手不及。可是,宋高宗一直没有理睬岳飞的建议。岳飞在军营里度日如年,还说出了"如果今年再不让我出兵北伐,我就交还帅印,罢官回家"的话。

岳飞等了又等,没等来皇帝同意发兵的旨意,却等来宋金准备议和的消息!

为了说服岳飞赞同议和,宋高宗下了一道诏书,让岳飞来临安觐见。宋高宗再次向岳飞表示,是因为要迎接宋徽宗的棺木和皇太后才与金人议和。

耿直的岳飞说:"金人不可以相信,和好不可以期待,宰相(指秦桧等人)祸害国家,恐怕要被后人讥笑啊。"

宋高宗听完沉默了。

眼看皇帝铁了心要求和,岳飞有口难言,只能离开临安,回到了鄂州军营。

龙虎风云

屈辱的议和

绍兴八年（1138年），宋高宗派秦桧等人作为南宋的代表，与金人的使者谈判。

谈判中，金人同意送还宋徽宗的棺木以及韦太后，并且把河南、陕西还给南宋。这当然是有利的，然而，金国使者竟然要求南宋向金国称臣纳贡，每年要向金国进贡二十五万两银子和二十五万匹绢！

这哪里是议和，根本就是投降啊！

可是，什么都拦不住宋高宗求和的决心，对于金人的要求，他都一一答应下来。

这年年底，金使带着诏书来到临安。目中无人的金使甚至要求堂堂一国之君宋高宗跪下来接受诏书，最后宋高宗以正在为父亲守孝为借口，让秦桧代替他跪拜，完成了这个仪式。

人们将这次屈辱的议和称作"天眷和议"。

从这一刻起，南宋再也不是一个独立的国家，而是金国的一个属国。

快马传书

秦桧原来是细作

编辑老师：

你好，我是大宋一个普通百姓，最近临安城内突然出现很多榜贴，上面写着同一句话："秦桧是细作"。城里一下子就炸开了锅，人们恍然大悟，难怪秦桧这么积极地与金人议和，原来他是金人那边的。

仔细想想，秦桧当初从金国逃回来一事就很可疑。在逃跑那么紧急的情况下，他不仅携带了全家老少，还随身带着丰厚的财物，这哪里像是逃命？倒像是被金人故意放回来的。

我还听说，秦桧在金国做俘虏的时候受到了特别优待，很多金国的权贵都宴请过他，秦桧在那边的日子过得非常快活，他很可能就是那时候叛变的。

编辑老师，你认为我的推测有道理吗？

无名氏

无名氏：

你好。我认为你的推测有一定道理。根据秦桧归宋后的所作所为，很难不将他当作金人的奸细。不过呢，这事没有确凿的证据，所以我们也不敢断言。更何况，秦桧在南宋已经做到宰相，一人之下万人之上，他再去给金人做奸细，图什么呢？这么一想，秦桧似乎又没有做奸细的理由。

所以，秦桧到底是不是金人的奸细，谁也说不清，真相恐怕只有他自己知道。

编辑 穿穿

百姓茶馆

BAIXING CHAGUAN

皇帝真的信任岳飞吗？

包公子：听说皇帝其实并不很信任岳将军，这是真的吗？

王公子：是真的，皇帝和岳飞还闹过好几次矛盾呢。前几年，刘光世将军辞职，留下了五万多士兵。皇帝一开始答应把这支队伍交给岳飞接管，以壮大岳家军的力量，但是不久皇帝就变卦了，岳飞得知后十分生气。更气人的是，最后这支军队谁也没得到，这几万人马最终因为不满朝廷的安排投降了伪齐。

李公子：还有一次，岳将军上奏建议皇帝早点立太子，皇帝当时很不高兴。立储这种事，一般武将提都不敢提，岳飞这么直截了当地提出来，难免不引来皇帝的猜疑。

孙公子：岳将军虽然在战场上无人能及，却不懂朝堂中的人情世故，他这样迟早得吃亏啊！

名人来了
MINGREN LAI LE

越越（简称越）大嘴记者

宋高宗赵构（简称构）特约嘉宾

嘉宾简介：金人的入侵曾害得他家破人亡，可也将本不可能成为皇帝的他送上皇位。复杂的人生经历，造就了他复杂的性格。他既想从金人那里接回亲人，又害怕宋钦宗回来后与他争夺皇位，他就是南宋的第一个皇帝赵构。

越：皇上，海上一别后，您变化可真大啊。
构：哈哈！宋金已经议和了，今时不同往日了。

越：皇上，有一句话我不知当讲不当讲。
构：有话直说。

越：大家都说秦桧是金人的细作，您怎么看？
构：（皱眉）秦爱卿怎么会是细作呢？他可是大功臣啊！没有他，宋金议和是万万不能成功的啊。

越：噢？难道他卖国还有功啦？
构：你这是什么话！议和之时，是秦桧挺身而出，替我下跪解围，这难道不算大功一件吗？

越：噢，原来秦桧的功劳是下跪。
构：你这是什么意思？

越：啊，没意思，没意思。其实我不明白，这几年女真人渐渐腐化了，以前是金强宋弱，现在谁强谁弱还不一定呢，您为什么一定要向金国称臣呢？
构：（神色忧伤）我父亲的棺木，还有我的母亲、哥哥都

名人来了

在金人手里，我怎么能不答应金人呢？

越：既然您这么关心您的家人，为什么不提出先把您哥哥接回来呢？金人可是好几次提出要把他送回来，您好像都没有接话。

构：（脸色顿时一变）嗯？你想说什么？

越：您心里压根就不希望您哥哥回来吧，因为他一回来，您这皇位就尴尬了。

构：小记者，你的话是不是有点多了？来人啊——

越：啊，皇上，我都是乱猜啊，饶命啊！

构：好吧，暂且饶你一条小命。

越：皇上，我还有一个问题，就是当初刘光世辞职后，您答应把他的队伍交给岳飞，为什么后来又没给呢？

构：当初是当初，现在是现在，现在宋金议和了，不用打仗了！况且武将们的权势太大，兵马过于强壮，就容易出现拥兵自重的毛病，所以还是不要给他们太多兵马的好。可是那岳飞还是不懂事，总是上奏折请求增兵，让我非常恼火！他到底想干吗？！

越：皇上，大宋和金人只是议和，并不代表永久的和平……

构：打住！以后不要再让我听到这种话。你帮我给那些武将捎个话儿，不要再寻衅滋事得罪金人了！好好珍惜当下的和平吧！

越：您难道没有想过有一天收复中原，回到东京故都吗？

构：临安城繁华富庶，哪里比东京差了？昨天还有人进贡了上好的绍兴黄酒，快陪朕喝一杯，来人啊，赐酒！

越：我不胜酒力啊！（喝醉后）希望……金人会信守……诺言吧！

嘻哈乐园

金人： 把河南、陕西还给你！

宋高宗： 好！好！好！

金人： 把你父亲和母亲也还给你！

宋高宗： 谢谢！谢谢！

金人： 把你哥哥还给你！

宋高宗： 别！别！别！我不要！

广告小铺

正式将临安定为南宋都城

临安府地方富庶，交通便利（万一金军南下，方便乘船逃跑），现正式将临安府定为大宋的都城。

赵构

临安谚语一则

东菜西水，南柴北米。

这则谚语的意思是临安城东门种菜，西门引水，南门进柴，北门供米，说明了临安四大城门市场的分工。

《历史穿越报》编辑部

谢讲和赦表

陛下为了国家一时的安宁着想，不想打仗了，要和金国讲和，大赦天下，老百姓都非常高兴。但金人不讲信用，欲壑难填，从长远考虑，这样做真的行吗？

身为将领，我自觉功绩微薄。但我还是期望能收复两河及燕云失地，为国报仇雪耻，让敌人对我们叩首称臣啊！

岳飞

谢表：古代大臣在得到皇帝恩赐后，常会上奏一篇谢表，以示忠诚与感激。

第11期

公元1140年

功亏一篑

岳飞篇

穿越必读 CHUANYUE BIDU

宋高宗以向金国称臣为代价，换取了短暂的和平。然而，议和不到两年，金人就撕毁盟约，气势汹汹地向南宋发兵了！危急关头，岳家军挺身而出。在对金军有利的地形条件下，对抗完颜兀术引以为傲的精锐部队，岳家军能赢吗？

顺风快讯

金人撕毁盟约了
——来自顺昌府的加密快报

（本报讯）绍兴十年（1140年）五月，当南宋君臣还沉浸在议和成功的喜悦之中时，一个爆炸性的消息传来：金人撕毁盟约，再次南下侵宋。

金人为什么会撕毁盟约呢？

原来，不久前金国又发生了政变，曾经主张与宋朝议和的大将完颜挞懒被完颜兀术杀害。都元帅完颜兀术掌握了金国的军政大权，他可是彻头彻尾的主战派，一直希望以武力征服大宋，如今大权在握，他立即撕毁宋金盟约，重整兵马，大举南下。

一直以屈辱换取和平的南宋对此毫无防备，金军一路气势汹汹，先是以迅雷不及掩耳之势攻占了原本还给宋朝的河南、陕西等地，进驻开封，接着继续南下，扑向顺昌府。

而此时，宋朝大将刘锜已经在顺昌府等着他了。刘锜能抵挡住完颜兀术的猛烈攻势吗？

记者将继续为您跟踪报道。

来自顺昌府的加密快报！

百姓茶馆
BAIXING CHAGUAN

刘锜是如何击退金军的?

镖师张三：听说刘锜把完颜兀术打跑了，真是神了！他究竟是用什么方法打退金兵的？

猎户小辰：金兵都是北方人，最怕暑热天。打仗之前，刘锜先让士兵们喝足了解暑汤，等到一天最热的时候，再出兵攻打金兵。金兵已经晒了大半天，衣甲都热得烫手，能不中暑就不错了，哪还有精力打仗？

农夫老王：金军白天攻城没攻下来，晚上还遭到宋军夜袭。听说那天晚上电闪雷鸣，闪电一亮，宋兵就冲进金营一顿乱杀；闪电一灭，宋兵就躲藏起来，就这么折腾了一整夜，金兵都快疯了。

小兵王七：更绝的是，刘锜还在颍河里投毒，金兵喝了河水，都生了病，根本没法打仗，真是笑死了。完颜兀术一点办法也没有，只好撤兵了。听说他还不死心，准备继续南下，希望我们大宋的将士们争口气，让完颜兀术多吃几次败仗，叫他再也不敢侵略我大宋！

快马传书

陛下的密旨

编辑老师：

　　我是李若虚，曾经在岳飞手下做事，如今担任司农少卿一职。

　　金人撕毁盟约后，陛下十分紧张，立刻下旨让岳飞出师北上。然而，顺昌大捷后，陛下却派我给岳飞下了一道密旨，让岳飞马上还师。看来陛下根本不想打仗，还是想求和啊。

　　岳将军坚决不肯遵从旨意，他等了三年，好不容易等到这次北伐的机会，叫他放弃是无论如何也做不到的。我也支持岳飞，而且我相信只要岳将军出马，就一定可以打败金人！

　　于是我对岳将军说，事已至此，势必是不能班师的，你尽管北上，将来皇帝怪罪下来，就由我来承担"矫诏之罪"吧。

　　编辑老师，你觉得我做得对吗？

李若虚

李大人：

　　您做得实在太对了，在家国大义面前，您选择放弃小忠，成全大义，真是令人钦佩！

　　我们相信，有您的支持，岳家军这次北伐一定会成功！

编辑★穿穿
编辑部

　　李若虚回临安复命后，并没有被宋高宗治罪。后来岳飞被害，李若虚也被罢免官职，最后死在贬所。

撼山易，撼岳家难

岳家军从鄂州启程，以势不可当之势向北进发，开始了期待已久的第四次北伐。

岳飞派出各大部将，兵分多路，与金军展开激烈战斗，捷报接连不断传来：张宪收复了蔡州、颍昌府；牛皋、徐庆收复了陈州；王贵收复了郑州……北方的忠义军也纷纷响应，收复了不少失地。

岳家军就像一把野火，在被金人侵占的土地上熊熊燃烧。

完颜兀术不甘心失败，当他得知岳飞的指挥部在郾（yǎn）城县（今属河南省漯河市），而且兵力不多时，他便决定集中力量去攻打郾城。

完颜兀术出动的是他的撒手锏："铁浮屠"和"拐子马"。光听名字就有一种杀气腾腾的感觉。其中"铁浮屠"是重装骑兵（浮屠在

佛语中是塔的
意思，铁浮屠
就是铁塔），
士兵们全身披着重甲，马也穿着重甲，远远看起来就像一座铁塔一样。"拐子马"是轻型骑兵，速度很快，灵活机动。在进攻时，"铁浮屠"从正面冲击，"拐子马"从两翼包抄，相互配合，威力无穷。

　　然而这并没有吓倒岳家军。岳飞让步兵拿着快刀、大斧等，专砍马腿。只听见一阵阵战马的凄厉嘶鸣，什么"铁浮屠""拐子马"，全都成了纸老虎！

　　这场战斗从下午杀到天黑，金军被杀得尸横遍野，宋军大获全胜。

　　完颜兀术攻打郾城不下，又去攻打颍昌府，结果又吃了败仗。

　　经过几次较量后，金军一败涂地。完颜兀术叹气道："我自北方起兵以来，从来没有输得像今天这么惨！"金军中也流传着一句话："撼山易，撼岳家难！"意思是，动摇山容易，动摇岳家军难。

　　眼看完颜兀术逃回开封府去了，岳飞激动地对部将说："等我们打到黄龙府（金人老巢），我要与诸君喝个痛快！"说完率领大军，朝开封府进发了。

119

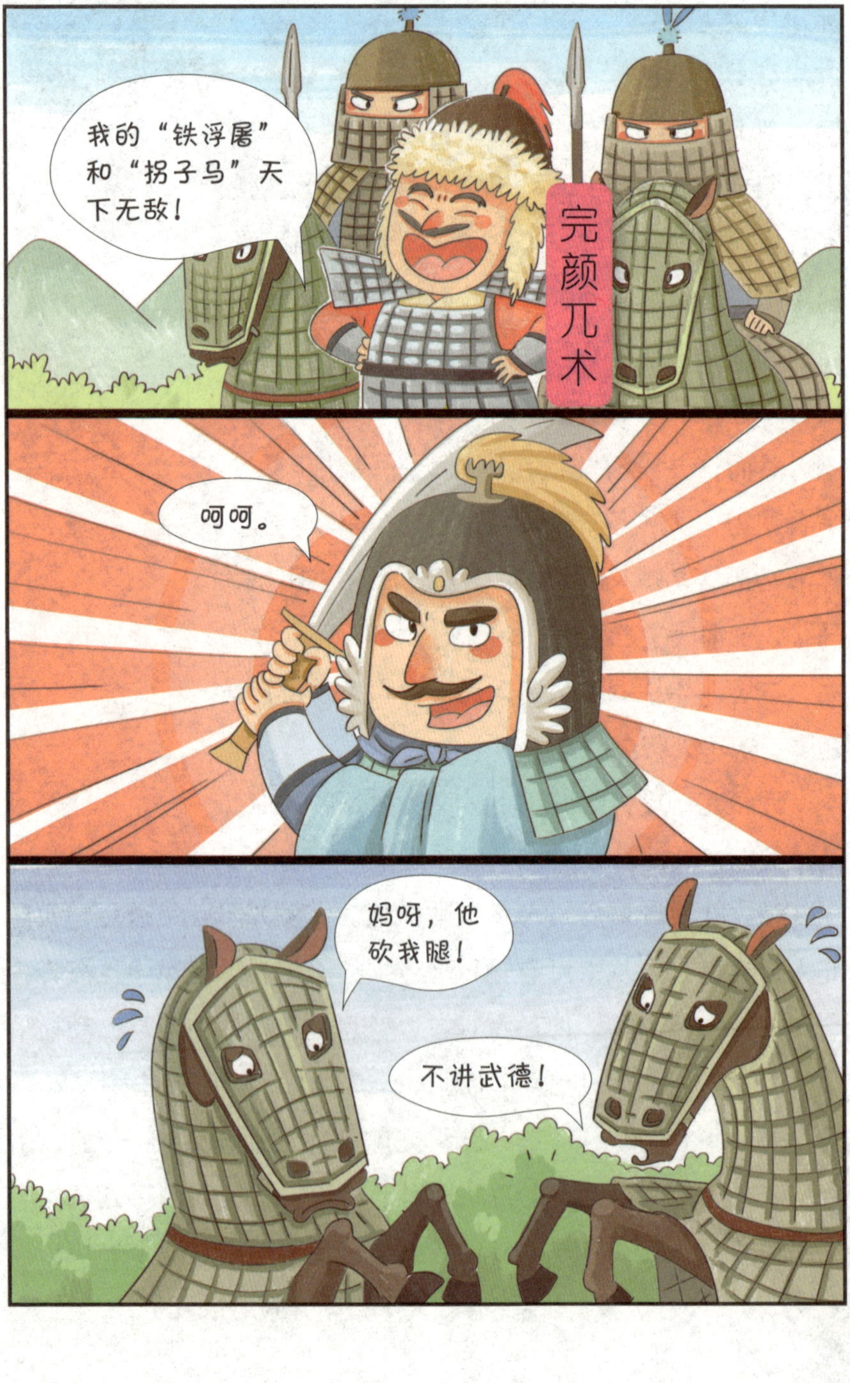
我的“铁浮屠”和“拐子马”天下无敌！
完颜兀术
呵呵。
妈呀，他砍我腿！
不讲武德！

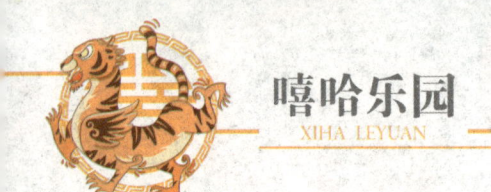

十二道金牌，被迫班师

眼看岳家军势不可挡，完颜兀术连夜弃了开封府，准备北渡黄河，这时，一个北宋时的太学生求见完颜兀术，说："自古以来没有权臣在内，而大将能立功于外的。依我看，岳飞自身都难保，还想成功吗？"

完颜兀术听了太学生的话，于是决定先不过河。

果然，就在岳家军要继续北上时，宋高宗一连发了十二道金牌，以最严格的命令催促岳飞班师回朝。

眼看胜利在望，却要班师回朝，岳飞感受到前所未有的痛心与绝望，他对部将们说："十年之力，废于一旦！"

将士们泣不成声。可是，朝廷的命令不容违抗！岳家军只有班师！

回去的路上，百姓们拦住岳飞的马，说："我们亲自运送粮草迎接官军，金人都知道了，岳将军一走，我们一定会被金人杀掉啊。"

岳飞含泪将诏书拿出来给众人看，说："朝廷有旨，我不能擅自留在这里。"

于是众人一起大哭。

岳家军班师不久，此前被攻克的城池又接连被金军占领了。

名人来了
MINGREN LAI LE

越越（简称越） 大嘴记者

秦桧（简称秦） 特约嘉宾

嘉宾简介： 南宋第一奸臣。身为南宋宰相，他却始终是金国利益的"代言人"，多次主张与金人议和，向金国称臣。而且他还有一个坚定的同盟者，那就是皇帝赵构。在皇帝的支持下，秦桧在朝中只手遮天，权势无人能敌。

越：秦大人，听说您和金人很熟是吗？

秦：呃……我以前给金人办过事，其实金人也不是那么坏，况且年年打仗也不是办法，不仅要花钱，老百姓也没有太平日子过，打还不一定打得过……唉，我大宋可再也经不起又一个"靖康之难"了。

越：可是议和不也没用吗？金人又不守信用。听到金人撕毁合约的时候，您不紧张吗？

秦：开始我也很紧张，怕官家（宋代对皇帝的称呼）龙颜大怒。不过，马上就有人站出来为我说话，说金人能否遵守约定是无法预料的，根本不是我的错。

越：看来您在朝中的人缘不错啊！

秦：那可不，现在朝中的主战派基本被我铲除了。

越：那接下来您还是打算与金人议和了？

秦：当然，经过这几次交战，金人应该知道大宋已经今非昔比了，这就是我们和金人谈判的筹码。

越：难道彻底打败金人不是更有

名人来了

谈判的筹码？

秦：看来你还是不太了解官家。前线打了败仗倒没什么，打了胜仗，官家反而要担心了。

越：啊，打胜仗还不好吗？

秦：你知道咱们太祖是怎么当上皇帝的吧？

越：这我当然知道，太祖本来是后周的一个武将，后来发动陈桥兵变，夺取了政权。

秦：这就是了，武将权力过大，是会威胁到皇位的，这让官家怎么安心？虽然议和我们吃点亏，但是官家只要能一直舒舒服服地坐在龙椅上就行了。可是总有一些人喜欢跟官家作对，天天嚷着要收复中原，官家又不好亲自反对，只好让我来主持议和，这样大家要恨也只会恨我，不会恨皇上。

越：这么说您还有点冤枉？

秦：我就是个办事的，一切还得官家做主。

越：如果岳飞抗旨不遵，坚持北伐呢？

秦：官家为了阻止岳家军，早就传密旨让刘锜、韩世忠、张俊等大将撤军了，岳家军实际上已经处于孤立无援的状态了。就算岳家军要继续打，朝廷还有一招，那就是断粮。到时候岳家军一无援军，二无粮草，后果可想而知。

越：这太恶毒了吧！朝廷如此轻易撤兵，难道就不顾老百姓的死活了吗？

秦：那要打起仗来，老百姓死得更多！

越：唉——

秦：如今议和这事，我们说了还不算，主要还是要看完颜兀术的意思。但他好像对岳飞特别不满，岳飞不仅让他吃了败仗，还杀了他的女婿……真是棘手啊。

越：什么？您该不会是要……千万不要啊，那样您会成为千古罪人，万劫不复的！

秦：行了，我还有一些事要处理，送客！

123

广告小铺

全城寻找狮子猫

近日，我的孙女崇国夫人不小心丢了一只狮子猫，我已经令画师们画出了十多版狮子猫的画像，张贴在大街小巷，同时出动了临安城的全部捕快以及皇宫中的卫兵搜索狮子猫。凡是家中养了狮子猫的，请主动把猫交出来给崇国夫人检查。胆敢拒交的，定不轻饶！

秦桧

欢迎购买《耕织图》

《耕织图》是於潜县令楼璹（shú）绘制的用来劝课农桑的系列图谱，一共有四十五幅，包括耕图二十一幅、织图二十四幅，每幅图配诗一首，详尽描绘了农耕与蚕织的生产过程。

楼璹曾将《耕织图》献给皇上，皇上大为赞赏，皇后还为之题词呢。《耕织图》名声大噪，各大画师纷纷临摹。本店也请人临摹了一批《耕织图》，制作精良，价格公道，欢迎大家前来购买！

五柳画肆

第12期
公元1141年—公元1218年

千古奇冤

岳飞篇

穿越必读 CHUANYUE BIDU

为了达成再次与金人议和的目的，宋高宗、秦桧炮制了一场千古奇冤，以"莫须有"的罪名处死了岳飞。伟大的抗金英雄岳飞就这样含冤而逝，留给后人无尽的悲愤与哀伤。

顺风快讯

岳飞被罢官了
——来自临安府的加密快报

（本报讯）绍兴十一年（1141年）八月，临安传来一个令人震惊的消息——

岳飞受到言官弹劾，已经罢官回庐山旧居了！

弹劾岳飞的人叫万俟卨（Mòqí Xiè），他给岳飞罗列的罪名主要有两条：

第一，今年春天金兵入侵淮西时，皇帝多次下旨让岳飞救援，可是岳飞违召不肯出兵；

第二，岳飞在楚州（今江苏省淮安市）巡察时，曾经说过"放弃楚州"的话，动摇了民心。

据说皇帝看了奏折，假惺惺地替岳飞说了几句好话后，便按照惯例，罢了岳飞的官职。

无论如何，岳飞罢官这事，怎么看都有问题，众人都认为背后还有不可告人的原因，真相究竟如何，我们将继续跟踪报道。

来自临安府的加密快报！

岳飞罢官背后的真相

记者经过多方查证,发现岳飞的这两条罪状纯属诬陷!

首先,金兵入侵淮西时,岳飞得到圣旨后立即发兵了,还获得了宋高宗的嘉奖;其次,岳飞是坚定的主战派,怎么可能把楚州送给金人?这根本是子虚乌有的事!

那么,万俟卨为什么要陷害岳飞?他背后有没有人指使呢?

这要从岳飞班师说起。岳飞班师之后,金国虽然又发动了几次南侵战争,但都没讨到什么便宜,于是发出了议和的信号。这当然是宋高宗求之不得的美事,但他知道,这次和上次一样,肯定有大臣反对,尤其是那些天天嚷着要收复河山的武将。于是宋高宗想到一个办法:解除武将们的兵权,这样既扫清了议和的障碍,又能防止武将造反,真是一举两得!

宋高宗就把韩世忠、张俊、岳飞这三大将领召到临安府,让韩世忠和张俊任枢密使,岳飞任枢密副使,采取明升暗降的方式,解除这三大将领的兵权。

即便这样,宋高宗和秦桧还不是放心,于是秦桧又让自己一手提拔的走狗万俟卨弹劾岳飞,因此才有了这场岳飞罢官的风波。

岳飞成了阶下囚

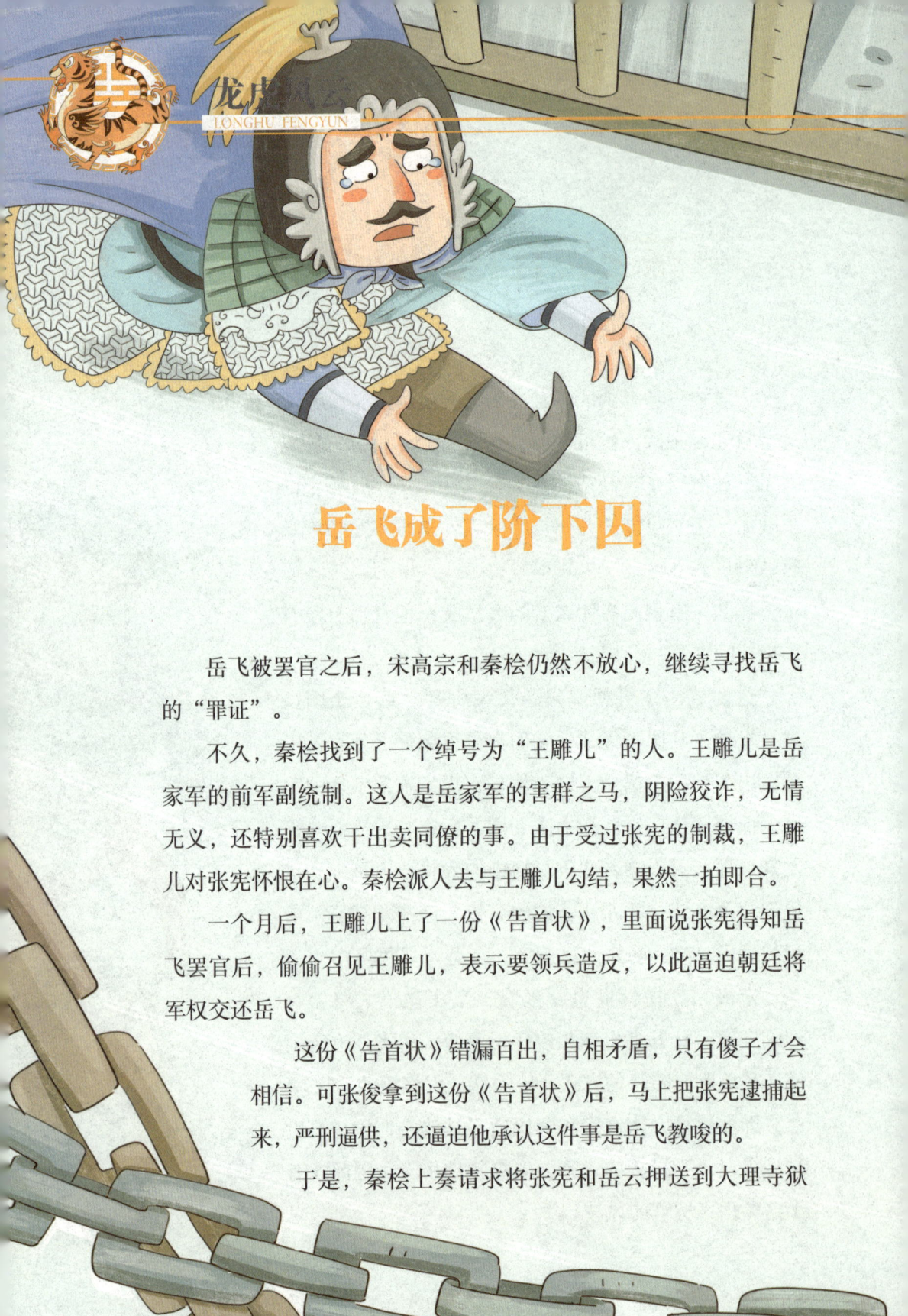

岳飞被罢官之后,宋高宗和秦桧仍然不放心,继续寻找岳飞的"罪证"。

不久,秦桧找到了一个绰号为"王雕儿"的人。王雕儿是岳家军的前军副统制。这人是岳家军的害群之马,阴险狡诈,无情无义,还特别喜欢干出卖同僚的事。由于受过张宪的制裁,王雕儿对张宪怀恨在心。秦桧派人去与王雕儿勾结,果然一拍即合。

一个月后,王雕儿上了一份《告首状》,里面说张宪得知岳飞罢官后,偷偷召见王雕儿,表示要领兵造反,以此逼迫朝廷将军权交还岳飞。

这份《告首状》错漏百出,自相矛盾,只有傻子才会相信。可张俊拿到这份《告首状》后,马上把张宪逮捕起来,严刑逼供,还逼迫他承认这件事是岳飞教唆的。

于是,秦桧上奏请求将张宪和岳云押送到大理寺狱

龙虎风云

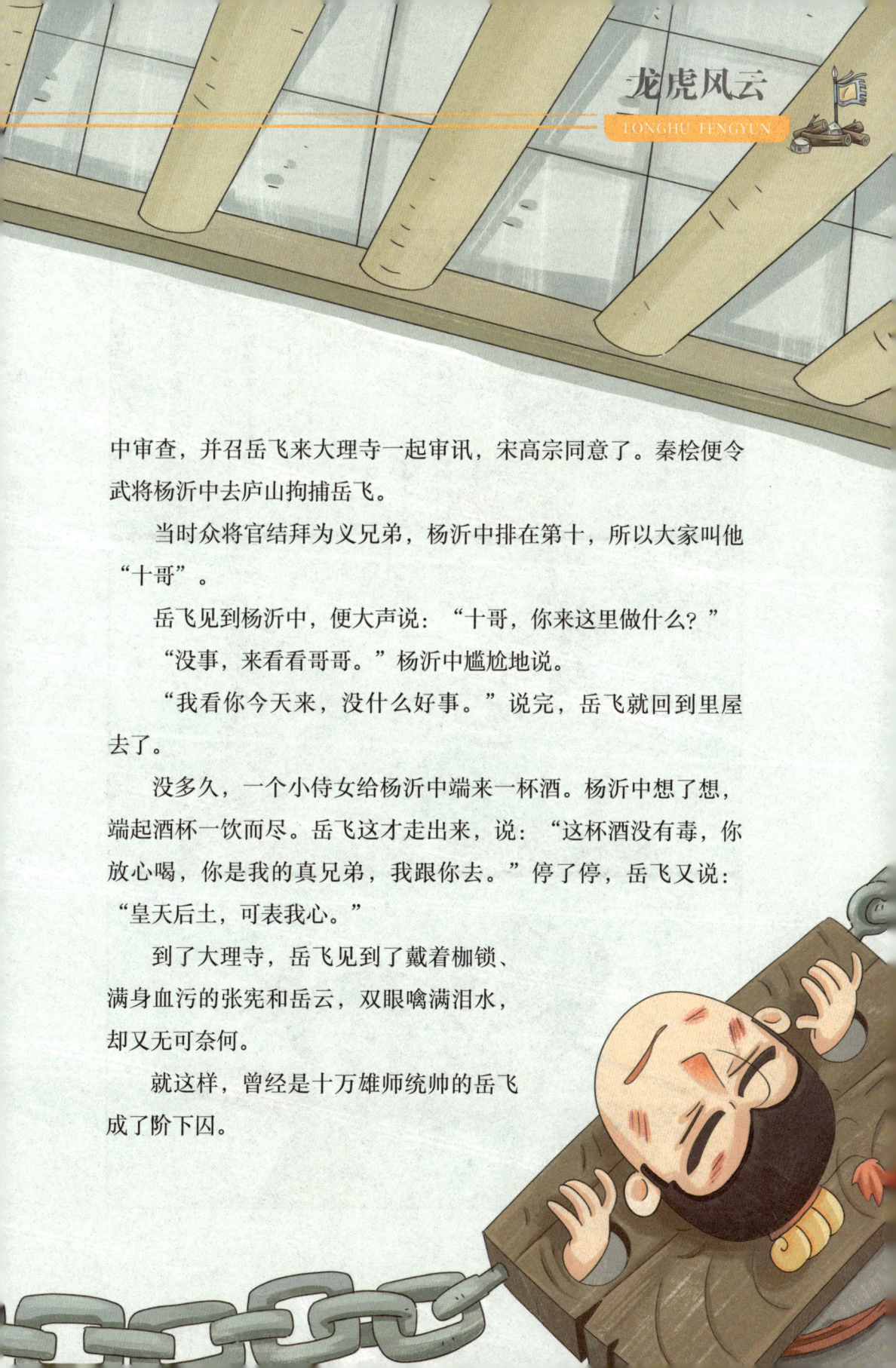

LONGHU FENGYUN

中审查，并召岳飞来大理寺一起审讯，宋高宗同意了。秦桧便令武将杨沂中去庐山拘捕岳飞。

当时众将官结拜为义兄弟，杨沂中排在第十，所以大家叫他"十哥"。

岳飞见到杨沂中，便大声说："十哥，你来这里做什么？"

"没事，来看看哥哥。"杨沂中尴尬地说。

"我看你今天来，没什么好事。"说完，岳飞就回到里屋去了。

没多久，一个小侍女给杨沂中端来一杯酒。杨沂中想了想，端起酒杯一饮而尽。岳飞这才走出来，说："这杯酒没有毒，你放心喝，你是我的真兄弟，我跟你去。"停了停，岳飞又说："皇天后土，可表我心。"

到了大理寺，岳飞见到了戴着枷锁、满身血污的张宪和岳云，双眼噙满泪水，却又无可奈何。

就这样，曾经是十万雄师统帅的岳飞成了阶下囚。

嘻哈乐园

王雕儿

重金悬赏岳家军叛徒

我经常出卖同事，擅长诬告，睚眦必报！

你有什么本领啊？

好，就你了！

快马传书

我该如何救岳飞？

编辑老师：

　　我是御史中丞何铸，是岳飞一案的主审官。审讯时，我问岳飞是否认罪，岳飞脱掉上衣，露出背上刺着的四个大字"尽忠报国"！我感到万分震惊，心想这样的人怎么会造反呢？我去找宰相秦桧为岳飞申冤，秦桧很不高兴，说这是皇上的旨意。

　　我说现在大敌当前，无故把一员大将置于死地，会让将士们寒心，对江山社稷不利。秦桧无言以对，可仍旧不肯替岳飞申冤。

　　编辑老师，请你告诉我，我该如何救岳飞？

御史中丞　何铸

何大人：

　　你去找秦桧替岳飞申冤是没用的，因为陷害岳飞的不是别人，正是秦桧啊！

　　自从岳飞入狱后，我们也着急，但是正如秦桧所说，如今是皇帝想杀岳飞，我们也是痛心疾首，无可奈何。

　　据说完颜兀术给秦桧写了一封信，说宋朝若想议和，就必须杀死岳飞，因为岳飞不仅是宋金议和最大的"绊脚石"，还杀了他的女婿。完颜兀术要报了此仇，才肯与宋朝议和。

　　你想想，皇上看了这封信会怎么想？他会为了一个岳飞放弃与金人议和吗？

　　不管结果如何，我们相信公道自在人心，恶人终将受到严厉的惩戒！

　　秦桧见何铸要替岳飞申冤，便改命万俟卨办理此案，将何铸派到金国出使了。

千古奇冤"莫须有"

万俟卨接手岳飞的案子后，便一心要将岳飞置于死地。他问岳飞："你说你没有造反的心思，那你还记得游天竺寺时，你曾在墙上留题说'寒门何日得载富贵'（寒门什么时候能够富贵），这是什么意思？既然写出这样的话，岂不表明你想造反吗？"

听了这话，岳飞长叹一声："我现在才知道落入秦桧之手，我这为国的一片忠心都将化作虚无了！"

韩世忠听说岳飞入狱后，找到秦桧，质问他有何证据证明岳飞谋反。秦桧含含糊糊地说："证据虽然不明，但这件事'莫须有'（即'也许有'的意思）。"

韩世忠愤愤不平地说："'莫须有'三字，怎么能说服天下！"

一晃到了岁末，岳飞的案子还没有定案。这天秦桧又在家中密谋如何给岳飞定罪，他的老婆王氏走过来说："老汉，你怎么这样没决断？要知道捉虎容易放虎难呀！"王氏的一番话，让秦桧下定了决心。

绍兴十一年（1141年）十二月二十九日，岳飞在狱中被猛击胸肋而死（也有说法是被毒死，或被勒死）。张宪、岳云也在闹市被斩首！岳飞死时三十九岁！岳云死时二十三岁！

伟大的抗金英雄岳飞，没有死在金戈铁马的战场上，却死在同胞的阴谋诡计之下！

这一刻，大地在颤抖，黄河在鸣咽，万千百姓齐声恸哭！

百姓茶馆

BAIXING CHAGUAN

岳飞遇害之后

王秀才：听说大理寺把人弄死后，一般都是草草地在墙角埋了，不知道岳飞的尸体是不是也被这样对待的。唉，这世道真是不公啊。

某小吏：我倒听人说，大理寺有个叫隗顺的狱卒，他冒险背出了岳飞的尸体，偷偷埋在临安城西北的山脚下，还在坟前种了两棵橘树，假称为"贾宜人坟"。

茶馆老板：听说岳飞遇害后，秦桧派党羽去抄了岳飞的家，岳飞的家属也被流放到岭南。岳夫人拖家带口的，也不知道以后的日子该怎么过。

某史官：忠臣被害死了，反倒是秦桧、张俊、万俟卨这些奸臣升官发财，真是没有天理！

小白将军：岳飞一死，金人就高兴了。岳飞还在狱中时，宋金就达成了和议（史称"绍兴和议"），规定宋朝向金国称臣，双方划定疆界，宋朝每年向金国进贡银二十五万两，绢二十五万匹。真不知道皇帝怎么想的，明明是可以打败金人的，却偏偏要投降。

名人来了
MINGREN LAI LE

越越（简称越）大嘴记者

岳珂（简称珂）特约嘉宾

嘉宾简介：他是南宋的一名官员，也是一位饱读诗书的文学家，他还有一个特殊的身份——岳飞的孙子。为了洗刷祖父岳飞的冤屈，他费尽心力，编写了一本岳飞的传记，名为《鄂国金佗粹编》，为后人研究岳飞的生平以及南宋历史提供了重要的史料。

越：岳大人，你好！看见你，我又想起了你祖父当年的风采，时间过得真快，一晃已经七八十年过去了。

珂：是啊，我出生的时候，我祖父就已经去世四十几年了。见过我祖父的人都说他长得高大威武，只恨我生得太晚，都没能见上祖父一面！

越：听说你祖父冤死后，你的父亲岳霖也跟着你祖母被流放到岭南了是吗？

珂：是啊，那年父亲才十二岁。一直到孝宗皇帝时，我祖父才得以平反昭雪。朝廷不仅用隆重的仪式改葬了我祖父，还找到我们岳家的后人，授予官职。

越：终于平反了，不容易啊！我听说孝宗皇帝可一点都不怕金人，巴不得和金人大干一场呢！

珂：是啊。孝宗皇帝召见我父亲时，也说祖父的用兵之法远远超过张俊、韩世忠，祖父的冤屈，他都知道，天下人也都知道。我父亲伏地痛哭，请求归还宋高宗当年赐给祖父的御札（zhá），孝宗

名人来了

皇帝痛快地答应了。

越：你父亲要这些东西干什么呢？
珂：这些御札，证明了祖父的功勋啊！我父亲准备把有关我祖父的战报、诗文、旧事、高宗的御札等全部搜集起来，汇编成书，作为祖父的传记。

越：既然已经平反了，为什么还要做这些事呢？
珂：人们对于看到的、听见的事情，很快就会遗忘，只有把这些事记录下来，才算是彻底为祖父洗刷了冤屈。

越：可我听说岳将军被杀害后，秦桧独揽大权，毁掉了许多对自己不利的奏章和诏书，同时销毁了岳将军的战功战绩，肆无忌惮地颠倒是非，贬损岳将军。
珂：是啊，幸好当时许多岳家军的将领和士兵还在，父亲找到他们，得到了很多珍贵的一手资料。

越：那真是不幸中的万幸！

珂：现在，不仅秦桧被老百姓痛恨，就连姓秦的人也跟着被骂惨啦！民间甚至还有了"秦岳不通婚"的习俗，岳家的后人永远不嫁娶秦家的后人！

越：这说明群众的眼睛是雪亮的。那本书现在编得如何了？
珂：父亲临终前，将这些资料全部交给了我，让我继续完成他的事业。我现在已经编得差不多了，书名就叫作《鄂国金佗粹编》。

越：那太好了！赶明儿给我留一本，能给我签名吗？
珂：哈哈！当然没有问题！

　　宋孝宗将岳飞礼葬于杭州栖霞岭南麓，也就是现在的"岳飞墓"。到了明朝，为了表达对岳飞的敬仰之情，人们用铁铸造了秦桧夫妇、张俊、万俟卨四人的跪像，终日跪在岳飞墓前，受世人唾弃。

广告小铺

🍇 你吃过"油炸桧"吗？

　　你吃过"油炸桧"吗？"油炸桧"是最近风靡一时的特色小吃，发明它的是临安城一家专门卖油炸食物的店老板。

　　据说那天老板正在油锅旁忙碌，听到岳飞遇害的消息，顿时气不打一处来，抓起一块面团，捏成一男一女两个小人，背靠背粘在一起，丢进油锅中狠狠地炸。

　　炸好后放进嘴里一嚼，嘿，味道还挺不错。

　　"油炸桧"被发明之后，很快传遍了全国，有些地方把它改名为"油条"。没有吃过"油炸桧"的人，一定要尝尝，不仅美味顶饱，关键还解恨啊！

岳飞粉丝团

🏺 欢迎韦太后归宋

　　绍兴和议后，金人终于将韦太后和徽宗皇帝的梓宫还回来了。如今韦太后的牛车即将到达临安，让我们敲锣打鼓，热烈欢迎皇太后回来！（可怜的宋钦宗，一生都没有回到南宋，他于公元1156年死于金国。）

大宋礼部

智者为王

智者无敌 第4关
王者为大

1. 岳飞是主战派还是主和派？
2. 秦桧是主战派还是主和派？
3. 宋高宗信任岳飞吗？
4. 宋高宗希望宋钦宗回来吗？
5. "无眷和议"时，谁代替宋高宗向金人下跪接受诏书？
6. 南宋的都城在哪里？
7. "铁浮屠"和"拐子马"是谁的撒手锏？
8. 是谁一连发了十二道金牌催岳飞班师回朝？
9. "十年之力，废于一旦"是谁说的？
10. 是谁提出宋金议和的条件是"必须杀死岳飞"？
11. "莫须有"是什么意思？
12. 岳飞遇害时多少岁？
13. 是谁给岳飞平反的？
14. 《鄂国金佗粹编》是谁汇编的？
15. 《鄂国金佗粹编》是谁的传记？

智者为王答案

第 1 关答案

1. 有只大鸟从东南飞来,在屋顶上叫个不停。
2. 鹏举。
3. 岳云。
4. 宋徽宗。
5. 运送花石的船队。
6. 没有。
7. 完颜阿骨打。
8. 金国。
9. 宋钦宗。
10. 三年。
11. 靖康二年,即公元1127年。
12. 尽忠报国。
13. 靖康之难。
14. 张邦昌。
15. 民兵。

第 2 关答案

1. 赵构。
2. 宗泽。
3. 宗爷爷。
4. 王彦。
5. 北宋汴梁。
6. 北京故宫博物院。
7. 金人。
8. 韩世忠。
9. 完颜兀术。
10. 韩世忠的小妾梁氏。
11. 岳飞。
12. 为防止因说话被敌人发觉,在嘴里横衔一个像筷子的东西。
13. 刘经。
14. 是的。
15. 岳飞。

第 3 关答案

1. 刘豫。
2. 是的。
3. 岳家军。
4. 南宋绍兴三年（1133年）。
5. 陈规。
6. 精忠岳飞。
7. 牛皋。
8. 岳云。
9. 一对重达八十斤的铁锥枪。
10. 岳飞。
11. 岳飞。
12. 眼疾和母丧。
13. 是的。
14. 是的。
15. 苏颂、韩公廉等人。

第 4 关答案

1. 主战派。
2. 主和派。
3. 不信任。
4. 不希望。
5. 秦桧。
6. 临安。
7. 完颜兀术。
8. 宋高宗。
9. 岳飞。
10. 完颜兀术。
11. 也许有。
12. 三十九岁。
13. 宋孝宗。
14. 岳珂。
15. 岳飞。

岳飞生平大事年表

时间	年龄	大事记
公元1103年	一岁	出生在相州汤阴县。
公元1118年	十六岁	成亲,次年长子岳云出生。
公元1122年	二十岁	第一次投军,应募"敢战士",同年父丧,回乡守孝三年。
公元1124年	二十二岁	家乡发生水灾,再次投军。
公元1126年	二十四岁	金军南侵,第三次投军,岳母刺字"尽忠报国",后因"越职奏事"被逐出军营。
公元1127年	二十五岁	第四次投军,投奔张所。
公元1129年	二十七岁	在南薰门外以少击多,大破张用与王善叛军。
公元1130年	二十八岁	收复建康。
公元1131年	二十九岁	讨伐李成,招降张用。
公元1133年	三十一岁	父子应召进宫觐见宋高宗。
公元1134年	三十二岁	第一次北伐,收复襄阳六郡。
公元1136年	三十四岁	母丧,葬庐山。进行第二次和第三次北伐。
公元1140年	三十八岁	金人撕毁和约,第四次北伐,被十二道金牌强令班师。
公元1141年	三十九岁	以"莫须有"罪名被处死。